LE VOCI DEGLI ANTENATI

Lo spirito è eterno

LE VOCI DEGLI ANTENATI

Lo spirito è eterno

Dalian Y Adofo

Prefazione di Robin Walker

Traduzione di Micaela Picelli

2022

Stampato da CreateSpace, una piattaforma di Amazon

www.ancestralvoices.co.uk

Dediche
In memoria di

Felicia Ama Agyekumwaah Adofo (1943-2015)
La mia cara mamma, prima insegnante e modello di vita. A lei, la mia eterna gratitudine per essere stata una fonte di forza e ispirazione.
Damirifa Due

Un profondo ringraziamento va anche alla memoria delle Antenate e Antenati speciali che hanno dedicato il loro tempo alla condivisione della loro saggezza e conoscenza nelle loro rispettive tradizioni spirituali, cosicché esse possano essere documentate e preservate per le generazioni future.
Grazie infinite per aver conservato le nostre tradizioni ancestrali e averle condivise generosamente affinché il mondo le conosca.
Rest in Power!

Anokye Safo-Asiedu (deceduto luglio 2012)

Max Gesner Beauvoir (1936-2015)

Sobonfu Somé (deceduta 14 gennaio 2017)

Vusamazulu Credo Mutwa (1921-2020)

Dr Kofi Owusu Bempah (1940-2021)

Capitolo 1

Capitolo 2

Capitolo 3

Capitolo 4

Capitolo 5

Capitolo 6

Capitolo 7

La tribù delle donne
La connessione con le proprie radici è il primo movimento per comprendere la nostra storia individuale, da dove arriviamo, quale impronte ci hanno accompagnate e influenzate.

Conoscere ci dà la possibilità di comprendere.

Comprendere ci dà la possibilità di aprire il nostro cuore verso una linea di compassione, verso noi stessi e verso i nostri avi.

Poter sciogliere, fare pace ci permette di avanzare, di essere liberi e iniziare ad annaffiare le radici con il nutrimento che sentiamo buono per noi.

Un nutrimento di evoluzione e crescita e guarigione.

Guarendo noi stessi guariamo e liberiamo anche le anime che non hanno avuto questa possibilità prima di noi.

Loro prima di noi, ora noi e poi chi verrà, siamo in un continuum temporale circolare alla ricerca dell'essere.

La tribù delle donne è una spazio dove le donne possono ritrovarsi, incontrarsi e attraverso un viaggio interiore di ascolto profondo riconnettersi con l'energia universale di Madre Terra.

Il viaggio avviene attraverso la contemplazione, lo yoga, la danza emotiva, la ritualità sacra.

Ci diamo la possibilità di esplorare quello spazio di sacralità, dal grembo alla vita, dall'ombra alla luce, in quello Ying e Yang interno ed esterno che porta alla completezza dell'essere umano.

Ci sono radici universali, da cui noi tutti proveniamo.

Ci sono radici ancestrali.

Ci sono radici della pulsazione, del cuore e della vita.

https://www.latribudelledonne.it/
tribudonne@gmail.com

Clarisse Talato Zaccarino, fondatrice della Tribù delle donne

Nata in Africa, in un villaggio del Burkina Faso, fin da piccola viene a contatto con la cultura occidentale dell'Italia. Psicoterapeuta, danzaterapeuta, amante dello yoga, specializzata in yoga tibetano con pratiche di kum nye, amante della musica e di tutto ciò che è comunicazione dell'anima. Specializzata in imprinting prenatale e della nascita.

"Riportare quella ritualità sacra, unica e universale per ritrovare la natura sacra depositata in ognuno di noi."

Micaela Picelli, traduttrice

Laureata in Lingue e letterature straniere e appassionata di Letterature e culture africane sin dall'Università, e in particolare dei temi della migrazione e della ricerca delle radici nella Diaspora, ho continuato negli anni a coltivare questa passione fino al momento dell'incontro con Clarisse, in cui finalmente la passione si è concretizzata nel bellissimo progetto della Tribù delle donne.

Prefazione

Nonostante l'interesse degli afrodiscendenti nei confronti della spiritualità, i libri che danno una visione d'insieme delle pratiche spirituali indigene africane e della loro dispersione nella Diaspora sono sorprendentemente rari. Questo libro, *Lo spirito è eterno*, è una delle poche eccezioni. I contenuti, anche importanti, sono spiegati in maniera molto semplice e per questo merita sicuramente un posto in ogni casa.

In molti si sono occupati e hanno scritto di Africa e religione, tra cui studiosi emeriti come John Jackson, il Yosef ben-Jochannan, e ancora Charles Finch e Ashra Kwesi. Il loro lavoro dimostra come anche le religioni abramitiche siano state profondamente influenzate dai culti africani.
Nessuno tra coloro che ha scritto di questi argomenti si è, tuttavia, soffermato sulle tradizioni spirituali africane esaminandole fin nei particolari.

Altri autori hanno raccontato in maniera piuttosto dettagliata delle pratiche spirituali del loro luogo d'origine in Africa ma senza tentare di creare una connessione con sistemi spirituali di zone differenti e di sintetizzarne la conoscenza per includerli in una narrazione più ampia. Il Professor John Mbiti in questo si è distinto.

Egli ha tentato di unire i puntini e di presentare la spiritualità africana in maniera comprensiva e coerente. Per questo ha dominato la ricerca sulle tradizioni spirituali africane dal 1969 fino ai giorni nostri. Il suo *Oltre la magia. Religione e culture nel mondo africano* è diventato un classico.

Questo volume, *Lo spirito è eterno*, è quindi una gradita integrazione nel campo. È costruito attorno allo scheletro creato dal Professor Mbiti ma, per così dire, lo "rimpolpa". L'autore attinge alle ricerche più recenti, che non erano disponibili ai tempi del Professor Mbiti, e le sintetizza.
Inoltre, il libro accenna ad alcuni dei sistemi spirituali tradizionali della Diaspora. E per così dire, approfondisce gli scritti di Mbiti.

Lo spirito è eterno dà una visione pratica e interessante della spiritualità africana, mettendo in evidenza le idee e le pratiche comuni in tutta l'Africa e nella Diaspora.
L'autore descrive nel dettaglio la ricchezza e la complessità di tali sistemi spirituali dimostrando che essi non sono da considerarsi per niente inferiori alle religioni abramitiche e ad altri sistemi di credenza.

L'autore si sofferma inoltre su particolari importanti che mettono in evidenza le differenze fra i vari sistemi ed è molto attento a evitare di presentarci le diverse tradizioni come se facessero parte di un unico sistema omogeneo.

Sono sempre più numerose le persone consapevoli delle lacune presenti nelle maggiori religioni monoteistiche seguite oggigiorno, quindi il volume è un eccellente punto di partenza per chi voglia approfondire la conoscenza delle antiche tradizioni e abbracciarle.

Nel libro, l'autore si confronta anche con l'arretratezza e il bigottismo religioso e razziale che sfortunatamente ancora oggi domina le narrazioni relative alla spiritualità africana.

Nonostante viviamo in un'epoca cosiddetta "secolare", la disinformazione, retaggio dell'epoca coloniale e dei racconti dei missionari, è ancora predominante.
Questa disinformazione è la ragione principale per cui così tanti afrodiscendenti ancora oggi provano vergogna per le proprie tradizioni spirituali.

In effetti, questo volume non poteva essere pubblicato in un periodo più appropriato.
L'Occidente si appresta a divenire sempre più secolarizzato con una mentalità pronta ad accettare qualsiasi cosa; il cristianesimo in America è dominato dallo sionismo da una parte e dal cristianesimo della destra dall'altra.

Altrove, il wahhabismo è in ascesa e si sta diffondendo come un fuoco. Queste tradizioni religiose radicali influenzano gli afrodiscendenti in tutto il mondo, specialmente coloro che non si possono definire propriamente religiosi.
La domanda che ci dovremmo porre in quest'epoca confusa e conflittuale è: che cos'è la spiritualità africana? Di che cosa ci racconta? Questo libro cerca di rispondere a queste domande.

Robin Walker

CAPITOLO 1

Cosmologia e universo spirituale africano

All'inizio della nostra esplorazione della spiritualità africana, è utile sottolineare alcuni concetti chiave e idee importanti perché il lettore possa arrivare a comprendere in maniera accurata i contenuti di questo volume, soprattutto quando discutiamo la natura del Creatore, l'umanità, gli antenati e ancor di più, le pratiche rituali e le manifestazioni degli spiriti.

É necessario soffermarsi su tali concetti perché questi sistemi vanno al di là di quello che comunemente associamo al termine "religione", al di là del dogma e dei giorni prescritti per le commemorazioni e le celebrazioni. Sono molto di più: "Permeano le culture, la vita sociale, le organizzazioni politiche e le attività economiche"[1] (Mbiti, p. 10).

L'introduzione si focalizzerà su concetti fondamentali, sulle filosofie e le pratiche che possono aiutare il lettore a raggiungere la conoscenza necessaria per nutrire una esperienza spirituale consapevole e arricchire la propria vita.

La natura dell'esistenza
Dal punto di vista africano, la *natura* dell'esistenza non comprende solo ciò che percepiamo con la nostra vista, con i nostri occhi.

L'Universo è composto da due dimensioni — quella fisica e quella spirituale — in cui la dimensione spirituale è ulteriormente stratificata in altri spazi o livelli.

Questi spazi includono quello degli antenati defunti, degli spiriti (divinità) e quello della fonte suprema di creazione di tutte le cose che esistono. Le due dimensioni sono costantemente interconnesse e ciò che succede in una può influenzare quello che succede nell'altra. Questo permette di mantenere ordine e armonia nel cosmo e sulla terra.

Ad esempio, in alcune comunità come i Dagara (Burkina Faso) e gli Akan (Ghana) nell'Africa occidentale e tra coloro che seguono il Vudu ad Haiti, si pensa che nel sonno gli spiriti viaggino attraverso i sogni per dare inizio ad azioni che hanno un corrispondente effetto nella dimensione fisica.

Questa è anche la ragione per cui sia nelle comunità in Africa sia nella Diaspora, i sogni sono sempre considerati come contenitori di informazioni utili, che possono aiutarci a muoverci in quella realtà fisica che chiamiamo vita.

Ordine ed equilibrio

Forze opposte ma complementari mantengono l'ordine e l'equilibrio, necessari perché ci sia armonia fra le varie dimensioni dell'esistenza.

Non può esserci "buono" senza "cattivo", e il "cattivo" non può essere rifiutato a priori, ma invece deve essere plasmato e utilizzato per imparare e dirigere le nostre azioni e attitudini future.

Tutte le lezioni "cattive" ci portano insegnamenti e crescita, così come quelle "buone", e se sottovalutiamo le ragioni per cui le abbiamo vissute, ne conseguono disarmonia e disordine nella nostra esperienza di vita.

Quindi nella visione africana del mondo c'è sempre una dicotomia e il rituale è il mezzo utilizzato per affrontare gli squilibri e mantenere uno stato ideale dell'essere.

L'interconnessione fra le cose
Tutte le cose nell'esistenza hanno un impatto una sull'altra, e questa interconnessione e influenza reciproca è una dinamica costante. Ci sono relazioni di causa ed effetto da scoprire in ogni esperienza, in ogni azione e pensiero, perciò quello che vogliamo nella mente si manifesta nella carne.

Quella che conosciamo come "legge di attrazione" è una delle sette leggi universali identificate dagli africani che abitavano la Valle del Nilo nei tempi antichi, nell'area che oggi chiamiamo Egitto.

È altresì noto che è l'energia cinetica che si smuove nelle pratiche rituali ad aiutarci nella realizzazione degli obiettivi.

3

Ecco perché rituali apparentemente scollegati possono portare alla manifestazione dell'obiettivo desiderato, o aiutare nel mantenimento dell'equilibrio e dell'armonia tra individui, comunità, e cosmo.

La nozione di interconnessione è riassunta molto bene nel proverbio Akan: "Obiakofo na okum sono, nam amanson nhina di — Serve un uomo per uccidere un elefante, ma è l'universo a beneficiarne"[2] (Danquah, 1968, p. 189).

È allo stesso modo evidente nel concetto Bantu di *Ubuntu*: ogni membro di una comunità influenza gli altri, e il benessere o malessere della comunità non è separato né dall'individuo né dall'ambiente circostante.

Nella scienza occidentale nel 1961 Edward Lorenz coniò l'espressione "effetto farfalla" includendola nella teoria del caos, per descrivere lo stesso concetto di interconnessione tra gli eventi e le cose.
Tali correlazioni tra la scienza empirica e i concetti sacri africani ci ricordano che c'è bisogno di re-investigare la spiritualità africana da una prospettiva imparziale e oggettiva per ottenere una conoscenza che può essere utile all'organizzazione sociale e all'educazione contemporanee.

Gerarchia sociale e spirituale

Si crede che la struttura dell'organizzazione sociale sia un riflesso della stessa gerarchia nella dimensione spirituale. Il re è quindi la rappresentazione simbolica del Creatore/"Dio" e i cortigiani sono i vari spiriti (naturali, cosmici, universali) che agiscono da "intermediari" e officiano nelle questioni tra il popolo e il re, allo stesso tempo avendo ciascuno delle responsabilità a seconda dei loro doveri e poteri.

Così ad esempio mentre c'è un responsabile che supervisiona la crescita dei raccolti, un altro si occupa di mantenere la disciplina nell'esercito e così via; ci sono diverse divinità con varie abilità e poteri: per la guarigione, l'agricoltura, la pesca, ecc.
Ecco perché ci sono altari e templi dedicati a ciascuna divinità, a cui di solito ci si rivolge in preghiera o con rituali di venerazione, invece di rivolgersi direttamente al Creatore/"Dio".

Un appello diretto a una persona con una carica più alta sarebbe considerato irrispettoso nei circoli sociali. Lo stesso ci si aspetta nei circoli spirituali — prima è meglio rivolgersi a un intermediario, che possa consegnare il messaggio.

La mancanza di comprensione relativa a queste norme e a questa etichetta ha probabilmente portato i missionari europei a pensare, sbagliando, che gli africani non avessero un Essere Supremo/"Dio" nella loro cosmologia e invece adorassero gli spiriti;

un'incomprensione che affligge coloro che praticano le religioni tradizionali africane ancora oggi.

L'esistenza ciclica

Tutto quello che rientra nel processo di creazione non si perde mai, nemmeno quando si decompone, appassisce e non è più percepibile dalla nostra vista. Invece, cambia forma o funzione e l'esistenza si alimenta continuamente.

La reincarnazione è un fatto accettato nelle tradizioni africane e della Diaspora, una persona che ha lasciato la dimensione fisica può rinascere, poiché il suo spirito rimane presente nel cosmo. "Gli africani credono nella reincarnazione, ma questa credenza non si basa su un testo scritto; si basa sulla convinzione che la vita degli esseri viventi sia ciclica, che le cose si muovano in cerchio, vanno e tornano. Il concetto africano di reincarnazione deriva dalla religione dell'Antico Egitto, dove i sacerdoti dicevano che torniamo milioni e milioni di volte"[3] (Asante & Mazama, vol. 1, Introduzione).

L'idea è che ogni essere vivente abbia a disposizione tutte le opportunità necessarie affinché possa raggiungere il suo scopo divino a beneficio di sé e di tutti.
Questa idea attribuisce quindi al Creatore le qualità di giustizia, comprensione e amore incondizionato senza giudizio assoluto e senza condanna. Ecco perché nella tradizione non si conoscono le nozioni di peccato e inferno.

Lo spirito dell'essere

Nella visione africana del mondo, tutti gli esseri, animati e inanimati, racchiudono la quintessenza (spirito) del Creatore; un'estensione della nozione sopracitata della "interconnessione fra le cose".

Questo spiega perché alcune comunità venerano profondamente rocce o altre formazioni naturali: si tratta di un segno di rispetto nei confronti di quell'aspetto (spirito) dell'Essere Supremo racchiuso in esse. Quindi, la comunicazione con il Creatore può avvenire praticamente attraverso ogni cosa.

Il corpo umano è un contenitore per lo spirito (e la coscienza) del Creatore, e lo scopo ultimo dell'essere umano è di riunificarsi con esso. Ciò si ottiene vivendo una vita esemplare, che ci garantisce lo status di "Antenato" dopo la morte (come verrà spiegato in seguito).

Questa essenza di vita è nota con nomi diversi in Africa, come ad esempio "Chi" tra gli Igbo dell'Africa occidentale e "Mana" tra i Bantu dell'Africa orientale e centrale.
Viene anche identificata con il soffio di vita dato agli esseri umani dal Supremo, come viene narrato tra i Nuer del Sudan e i Konso in Etiopia.

La concezione africana del Creatore/"Dio"

Le concezioni antropomorfe del Creatore/"Dio" tra gli africani non sono confinate alla sola forma umana, per cui è abbastanza comune che ci si riferisca al Creatore con titoli diversi anche all'interno della stessa comunità e che ogni titolo abbia significati differenti, poiché ognuno indica un aspetto o una funzione della fonte divina.

I molti titoli usati per riferirsi al Creatore e i loro significati riflettono l'ampiezza degli approcci usati dagli africani per concettualizzare la fonte suprema di tutte le cose.

Quindi, ad esempio, un titolo potrebbe significare "colui che provvede" — a indicare che la comunità intende che tutto arriva da questa fonte, o potrebbe significare "la roccia potente", un riferimento al Creatore come fonte di forza/supporto per i credenti e così via.

E ancora, il nome Kikuyu (Kenya, Africa orientale) per il Supremo, "Ngai", significa Creatore, e si riferisce alla sua funzione creatrice, mentre il nome attribuitogli dai Ngombe del Congo (Africa centrale), "Akongo", significa "colui che dà inizio alle cose, l'Onnipotente, infinito e inspiegabile", in riferimento alla potenza e alla grandiosità della fonte.

I vari titoli dimostrano chiaramente che gli africani cercano di non personificare il concetto di "Dio" in un essere umano, "non fa Dio a sua somiglianza ma cerca di vedersi nell'immagine di Dio. Quindi se Dio è in tutte le cose contemporaneamente, noi, gli esseri viventi, il calabrone, la farfalla, l'erba, l'albero, il callaloo, il granoturco, siamo tutte espressioni differenti di quell'unica essenza con le nostre peculiari esperienze, interdipendenti per la sopravvivenza"[4] (Small, 2013).

Si usano anche nel mondo africano dei modi più convenzionali e "religiosi" per riferirsi a Dio come essere Onnipotente (che tutto può), Onnipresente (ovunque e sempre presente) e Onnisciente (che tutto conosce).

Il Creatore/"Dio" nella natura
Sobonfu Some, insegnante e scrittrice Burkinabe, ha riassunto l'importanza della natura nelle società africane, e quindi anche nei sistemi spirituali, nell'affermazione: "In Africa, la Natura è tutto" (2013).
Per Natura non si intendono solo vegetazione e suolo, ma anche gli animali e la Terra stessa, compresi i quattro elementi — aria, acqua, fuoco e minerali/rocce.

In questa visione rientrano anche i corpi planetari, le costellazioni, e l'universo in senso ampio, molti dei quali diventano oggetto di particolari cerimonie, come avviene nei riti per la luna piena o quando appaiono oggetti interstellari visibili nella nostra atmosfera, come comete o meteoriti.

L'Onnipresenza (presenza costante) della Natura è evidente in tutto il mondo. Abbraccia tutto e resiste. Anche dove la vegetazione è assente o piano piano sparisce, essa assume la forma della sabbia (deserti), e anche in questi ambienti possiamo trovare interi ecosistemi di forme di vita che lottano e si sostengono.

L'Onnipotenza (potenza totale) della Natura è evidente nella distruzione portata dagli tsunami, dai tornado, dai cicloni, dai terremoti, dagli incendi e così via. In questi "disastri naturali" abbiamo la testimonianza di un potere incredibile che non è ancora stato sorpassato né limitato da tutti i progressi tecnologici dell'umanità.

Il suo potere straordinario si manifesta anche nella sua capacità di sostenere la vita, dare forma o creare anche nelle condizioni più dure. Spesso il suo potere di distruzione è complementare a quello di creazione, come quando dopo un incendio vediamo rispuntare la vita e anche il suolo si rinnova — di nuovo possiamo vedere riflesso in questo la nozione di equilibrio, che abbiamo spiegato prima.

L'Onniscienza (sapienza totale) della Natura è confermata dal volgere delle stagioni sempre nei momenti prescritti, proprio come il giorno "sa" quando trasformarsi in notte.
Allo stesso modo, i pianeti si muovono allineandosi, con evidenti conseguenze sulla Terra (per coloro che vogliono vederle) — che si tratti del ciclo mestruale femminile o delle maree o del movimento dell'acqua in altri corpi.

È un'intelligenza creativa innata, che stimola scambi dinamici armoniosi che vanno oltre l'umana comprensione.

La Natura soddisfa anche molti bisogni primari di noi umani. Ci dona molte e abbondanti varietà di cibo, piante e animali con differenti vitamine e qualità nutritive.
È anche fonte di materiali con cui costruire case in cui possiamo ripararci, con cui creare medicine per curare le malattie e così via — la lista di ciò che possiamo ricavare dalla natura per soddisfare i nostri bisogni è infinita.

Quindi non ci deve sorprendere che la Natura sia considerata Divina e degna di venerazione in tutto il Continente e anche nelle comunità della Diaspora, che hanno continuato queste tradizioni. Per lo stesso motivo diverse manifestazioni della natura (montagne, alberi, rocce, corsi d'acqua) vengono rispettate e venerate in quanto sacre.

Ad esempio, i Masai (Kenya, Africa orientale) si riferiscono al monte Kilimanjaro come *ngaje ngai*, "la casa di Dio", mentre il monte Matabele nel Kuruman, Sud Africa, è venerato dagli Zulu e dagli Xhosa. Anche alcuni alberi sono considerati sacri, come il platano nell'antico Kemet (Egitto), il Baobab, l'Iroko e il Nyame Dua, "l'albero di Dio" (il cui legno viene intagliato per accogliere una ciotola che contiene acqua e delle erbe davanti alle case) nell'Africa occidentale, così come alcuni fiumi o altre risorse d'acqua, ad esempio il lago Bosumtwi in Ghana o il lago Bambline in Camerun e così via.

La Terra stessa è una delle divinità/spiriti più importanti nella tradizione africana e viene immaginata come una donna, che dà la vita (bambini) e provvede ai bisogni dei neonati (allattamento). Tra gli Akan (Ghana), a essa ci si riferisce come Asaase Yaa (Madre Terra), è Ani per gli Igbo (Nigeria) e Maa-ndoo, che significa "la moglie di Dio", tra i Mende (Sierra Leone) (Opoku, 1978).

La Terra non è solo composta da rocce inanimate e polvere, ma è un essere vivente, con cui si può comunicare attraverso offerte e rituali specifici, per mantenere con essa una relazione simbiotica e benefica.
Charles Finch afferma che l'archetipo della "dea madre" ha avuto inizio attraverso l'osservazione della Natura e l'attribuzione a essa di alcune caratteristiche (Walker, 2011).

L'essenza femminile del Creatore/"Dio"
Nei primi disegni trovati in Africa, e che sopravvivono ancora oggi, il Creatore è una donna con un bambino, di nuovo a sottolineare la capacità di dare alla luce, cioè, diventare un essere vivente o avere una forma. Per gli antichi africani della Valle del Nilo Ta-Urt, una femmina di ippopotamo incinta era la rappresentazione della Grande Madre Terra e della sua capacità di sostenere la vita (Walker, 2011).

In quanto tale il potere generativo della donna ha piantato il seme del primo pensiero, per permetterci di capire com'è avvenuta la creazione — questo processo di nascita e trasformazione è concesso alle femmine di ogni specie. In questa concezione è racchiusa la natura pratica della spiritualità africana, per cui il Creatore non è l'interpretazione antropomorfica degli esseri umani, ma piuttosto un concetto funzionale relativo alla nascita di tutte le cose (energia creatrice).

James Small (2013) fornisce ulteriore prova di questo facendo riferimento al più antico documento africano scritto, che ci arriva della Valle del Nilo — il "Libro per uscire al giorno", più noto come *Il libro dei morti*.

Quando l'aspetto visibile dell'Essere Supremo, Ra, esce dal suo aspetto nascosto e misterioso, Amon, dichiara di essere nato da sua madre Nun — la personificazione delle acque primordiali. Nun è quindi un'altra chiara indicazione del femminile che è alla genesi, con un altro riferimento all'atto del dare alla luce in quanto progenitrice di tutta la vita.

Ritroviamo il processo della nascita anche nella cosmologia dei Dogon (Mali, Africa occidentale), e anche se ci si riferisce al Creatore Supremo usando "lui", Amma ha creato il mondo da quattro clavicole con la forma di seme di miglio, che assomigliano molto agli organi riproduttivi femminili (in Africa il miglio il miglio è considerato un prezioso prodotto alimentare con proprietà curative).

Il quattro è un riferimento ai quattro elementi della natura, quindi nella cosmologia Dogon troviamo sia la nozione di Natura come Essere Supremo sia la nozione di Essere con attributi femminili, le due nozioni intrecciate in modo complicato.

L'Essere Supremo del popolo Ijaw della Nigeria, Woyengi, è ancora una Dea Madre, responsabile della creazione dell'universo e di tutto.

La coppia maschile-femminile

Esistono prove documentate sopravvissute fino a noi della visione del Creatore che include in sé il principio maschile e quello femminile, opposto alle rappresentazioni solo maschili di Dio.

Come precedentemente detto, nella storia della genesi dell'antico popolo del Kemet, l'aspetto maschile, Ra, è nato da un essere femminile, Nun (Small, 2013).

Tra gli Akan, i due aspetti sono Nyankopon Kwame (maschio) e Asaase Yaa (femmina), per i Fon (Benin e Nigeria) e gli Ewe (Togo e Ghana) Mawu-Lisa incarna la duplice natura dell'Essere Supremo, che rimane viva nell'eredità haitiana Vudu nella forma di due serpenti: Damballah-Wedo e sua "moglie" Aida-Wedo.

La concettualizzazione della natura duale del Creatore è il riconoscimento della partecipazione di entrambi i principi, maschile e femminile, nella creazione.

14

Anche i titoli di padre nei cieli (in alto) e madre sulla terra (in basso) alludono a uno dei sette principi universali dell'antico Kemet — "Così in alto, così in basso" — il principio di equilibrio.

Un'allegoria che spiega i ruoli spaziali (sopra e sotto) assegnati al principio maschile e femminile può essere la pioggia che cade dal cielo (sperma) e che fertilizza la terra (grembo), che porta alla conseguente germogliazione e sviluppo della vita.

È dunque facile capire come e perché nelle società africane si ritiene che il principio maschile rappresenti "ciò che è al di là della comprensione" o l'aspetto "invisibile" della creazione (pioggia), mentre il femminile è l'aspetto visibile e "riconosciuto" (terra). Si può comprendere anche perché spesso si crede che l'indole del bambino (parte invisibile) venga dal padre mentre il sangue e il corpo (parte visibile) dalla madre.

È importante notare che queste idee non portano con sé l'associazione semiotica del potere, come si trova nell'ideologia occidentale, ossia, non è vero che siccome il maschile è "sopra" è più potente del femminile, che è "sotto". Invece, si fa riferimento a uno stato complementare e in armonia necessario perché avvenga la creazione.

"Per cui, il cielo e la Terra, rispettivamente il concetto maschile e femminile dell'origine, così come la metafora delle due metà di una zucca, sono simboli potenti di creazione nei sistemi di credenza tradizionali africani e si ritrovano in ogni cosa"[5] (Asante & Mazama, vol. 2, p. 619).

Energia spirituale e coscienza

Oltre ad avere delle caratteristiche maschili e femminili, il Creatore è anche visto come entità senza forma, cosciente e intelligente. Questo supporta il riferimento al Creatore come Onnipresente — sempre presente, in ogni luogo, in ogni tempo, dentro ogni cosa.

In quanto stato di energia, non ha forma né contenitore e si può trasformare in qualsiasi cosa, per questo sulla terra assume molte forme diverse.

Si crede che la sua essenza, o spirito del Creatore, sia presente in tutte le cose — animate e inanimate — e che dia forma e vita.

Nella spiritualità africana, ci sono diverse espressioni per riferirsi al Creatore/"Dio" ed esso può assumere un numero illimitato di forme; per questo è frequente che gli africani rendano omaggio a una serie di elementi che si trovano in natura senza dubbio alcuno sulla loro essenza divina.

Questo concetto sta alla base della venerazione agli spiriti/divinità/Forze della Natura, che riflettono un particolare aspetto dell'Essere Supremo.

Quelle che conosciamo come Orisha, Obosum, Nkisi, Neteru, ecc. non sono che microcosmi del più grande macrocosmo — l'Essere Supremo — ma parleremo di questo in un Capitolo a parte.

Questa è anche una delle ragioni per cui nelle comunità africane troviamo solo raramente degli altari dedicati all'Essere Supremo e non ci sono giorni, tempi, luoghi prescritti per le preghiere e le cerimonie. Possono avvenire sempre e ovunque, poiché la presenza della fonte divina è costante.

Per questo motivo il proselitismo è assente nella spiritualità africana; se il concetto è che in tutti noi c'è una parte del divino, allora come possiamo convertirci a un altro "Dio"? Semplicemente aderendo a un dogma prestabilito?

La natura pervasiva e imminente di "Dio" nella visione africana è riassunta molto bene nel proverbio Akan: "Se vuoi parlare con Dio, parla con il vento". Non significa che il Supremo è il vento, ma piuttosto che esso è Onnipresente e imperscrutabile nella forma e nello spazio.

Significa inoltre che non ci sono prescrizioni per quanto riguarda il momento o le date per la preghiera e le cerimonie: il canale di comunicazione è sempre aperto.

Perciò, gli esseri umani sono prima di tutto, e soprattutto, Esseri di Spirito, non soltanto i corpi o i contenitori fisici che ospitano la scintilla animata. Per cui, nella concezione africana, tutte le cose create sono manifestazioni differenti del Creatore.

"L'ape è in me, l'uccello è in me, il pesce è in me, Io sono il pesce. In altre parole, la vita è una. È sbagliato separare le differenti facce di Dio, perché come dicono gli Zulu 'Dio è uno' anche negli angoli più remoti del creato. Dio è uno.

Lui o lei, è molte cose, proprio come la terra è molte cose: la terra è l'albero, la terra è roccia, la terra è acqua, così è Dio, così è l'essere umano"[6] (Mutwa, 2013).

Il concetto di Chi (forza vitale) per il popolo Igbo esplicita questa idea: il Chi è presente in tutte le cose ed è anche l'essenza della Divinità Suprema, Chuwuku.
Ase, la manifestazione del principio, o forza vitale, nelle tradizioni Yoruba, esprime la stessa nozione. È contenuta nel sangue degli umani, degli animali, nella linfa delle piante e anche nelle rocce e di conseguenza, l'Ase delle Orisha può essere invocato negli oggetti inanimati, come ad esempio le pietre per gli iniziati di Shango. Allo stesso modo, i Dogon (Africa occidentale) si riferiscono a questa forza vitale come "Nyama" e credono che sia trasmissibile di generazione in generazione e che sia contenuta nel sangue (Dieterlien & Griaule, 1986).

Nell'Africa centrale, orientale e meridionale, tra il popolo Bantu, viene chiamata "Mana" (forza vitale) ed è racchiusa in ogni cosa.
Si dice che se curata con devozione, essa protegga e conferisca benefici materiali in vita.
Per i Nuer dell'Africa orientale (Etiopia), essa corrisponde al soffio di vita, che sostiene la vita e si riunisce al Creatore, Kwoth, nel momento del trapasso.

Che questo spirito/essenza del Supremo sia anche dotato di coscienza è evidente dai racconti africani sulla Creazione, dove è la fonte stessa che per sua volontà si trasforma in essere attraverso la trasmutazione del pensiero, o meglio dell'energia mentale, in materia.

Nell'antico libro dei Kemeti (*Libro per uscire al giorno*) menzionato da James Small (2013), troviamo prova di questo nel dialogo di Ra.

Lui dice di se stesso, dopo essere diventato visibile o aver preso forma dal suo sé "nascosto": "Ho creato me stesso da me stesso. L'esistenza comincia a esistere quando io comincio a esistere. Quando io divento cosciente di me stesso, l'esistenza comincia a esistere. Sono nato da mia madre, Nun."

Qui ci vengono presentate due nozioni: l'auto-riproduzione e la nascita, o il prendere un'altra forma, come indicato dal cambio di "genere". Small sostiene che, ciò che il discorso mette in evidenza, in sostanza, è un'allegoria per "La materia solida proviene da quella liquida."

Mentre questa nozione sarebbe stata recepita con incredulità dalla scienza occidentale qualche decennio fa, è ora una teoria accettata nella disciplina nota come Fisica quantistica.

Anche il Dott. Kofi Bempah (2013) afferma che nel racconto della creazione del popolo Akan, "Dio ha creato una cosa (Adie). Al singolare, una cosa, non cose, questo è un altro modo per dire che Dio ha voluto ed è diventato. Nel suo divenire, ha assorbito energia. Quindi abbiamo Saggezza (Dio) ed Energia. Naturalmente, la materia è fatta di energia quindi (un) essere

19

umano è Materia e spirito divino. Il corpo è materia e tutte le cose create si disintegrano, ma l'aspetto divino dell'uomo vive per sempre, è immortale"[7] (Bempah, 2014).

Allo stesso modo, Griaule e Dieterlen (1986) affermano che per i Dogon: "Amma ha dato vita al suo gemello, cioè, l'universo stesso. Proprio come l'universo è la copia di Amma e lo contiene, l'universo fu — e rimarrà — contenuto in Amma sotto forma di segni"[8] (*ivi*, p. 86).

"Amma ha svolto il lavoro di creazione in diverse fasi. Questo lavoro è consistito nel dare volume a una forza esplosiva che egli aveva dato al suo stesso pensiero, proiettata al di fuori di lui mentre dava forma al mondo [...] Amma ha dato vita alla sua stessa creazione 'aprendo(si)'"[8] (*ivi*, p. 184).

Sull'uso della mente per procedere alla creazione: "Quando Amma iniziò (*tono*) a dar vita alle cose, aveva un pensiero in testa. Il pensiero che aveva scritto (*tono*) nella sua mente.

Il suo pensiero è la prima immagine (*tonu*) — *Amma kize tonoy-go ku bonnu vomo-ne azubu vomo sebe. Azubu vomo ku bonnu vomo-ne tonu, azubu vomo tonu polo voy*"[8] (*ivi*, p. 109).

In queste nozioni ritroviamo la volontà e l'uso creativo dell'immaginazione come elementi cruciali, necessari per la manifestazione dei desideri nella pratica rituale.

Alla base di tutto sta il principio dell'energia che si impiega nei movimenti del corpo e della mente (pensiero), che può portare alla manifestazione di ciò che si è visualizzato attraverso la trasmutazione di tale energia, come verrà spiegato più avanti nel Capitolo riferito ai rituali.

In molta della cultura contemporanea popolare e letteraria, i manuali di auto-aiuto come per esempio *Il segreto* di Rhonda Byrne e *Come acquistare fiducia e avere successo* di Norman Vincent Peale, spiegano il principio della "legge di visualizzazione" per raggiungere gli obiettivi che vogliamo.
Sono anche atleti, psicologi e alcuni studiosi di programmazione neurolinguistica (PNL) a suggerirci che funziona.

Questa conoscenza non è nuova, ma è un antico principio africano di manifestazione e creazione. Purtroppo ancora oggi non si riconosce l'importante contributo dell'Africa alla storia e alla civiltà mondiale.

Le antenate e gli antenati
La comprensione del principio per cui l'essenza del Creatore è imminente in tutte le cose è fondamentale per afferrare come l'Essere Supremo/"Dio" sia anche considerato il primo Antenato o progenitore di alcune comunità. Non c'è differenza tra il Creatore e gli esseri viventi, sono fatti della stessa sostanza e il Creatore si ritrova in ogni essere vivente.

"Le varie interpretazioni cosmologiche e religiose africane del mondo mostrano alcuni aspetti in comune, ad esempio

21

concepiscono gli spiriti e anche il creatore come se condividessero le stesse esperienze di vita, i bisogni, gli attributi dell'essere umano comune" (Asante & Mazama, vol. 2, p. 619).

Questo è senz'altro vero per Amma, nei racconti dei Dogon: "Avendo pensato e poi progettato il mondo che voleva creare, Amma provò a fare un esperimento, per mescolare un po' di ogni tipo di sostanza che formava la 'carne' derivata dalla sua stessa persona, su cui egli aggiunse la sua saliva" (Griaule & Dietressen, p. 100).

Gli Shona dello Zimbabwe allo stesso modo concepiscono la "triade Mwari — la trilogia Padre, Madre e figlio nella loro cosmologia, riferita al loro leggendario re Soro-Re-Zhou" (Asante & Mazama, 2009).
Per i Bakongo dell'Africa centrale, uno dei nomi del Creatore, Nzambi, è interscambiabile con il nome con cui ci si riferisce agli esseri umani, *nzambi*.
Gli Akan hanno il detto "Dio è il primo Antenato" e Credo Mutwa ci racconta che il primo nome del Creatore tra gli Zulu, Nkulunkulu, significa "Grande Antenato".

Ecco perché la venerazione delle antenate e degli antenati è così importante nelle società africane: è un atto che trascende il semplice onorare la memoria di un parente o chiederne l'aiuto in preghiera, è un atto di venerazione del Creatore Supremo. Perciò non c'è da stupirsi se gli antenati trapassati possono essere divinizzati, soprattutto coloro che hanno vissuto vite esemplari di beneficio alla comunità e sono stati d'esempio e degni di essere emulati.

Elevare gli antenati a questo status sacro rispecchia la convinzione che gli esseri umani sono concepiti come aspetti del Creatore, che hanno vissuto esperienze individuali, ma nella morte ritornano a quella fonte e si riconciliano con essa.

"Tuttavia, una persona comune può diventare una parte di Dio se la società lo/la divinizza, se le sue azioni sono state abbastanza grandi. Shango oggi è riconosciuto come una divinità Yoruba, ma in origine era un re Yoruba, il cui contributo alla metallurgia lo ha infine reso degno di essere divinizzato.
Nell'antica Valle del Nilo, è successo lo stesso ad Asar, o Ausar. Lo storico greco Diodoro Siculo lo ha descritto come un governatore nell'antico Sudan. Più tardi, fu divinizzato e divenne la divinità della resurrezione nella Valle del Nilo. Le fonti greche lo chiamano con il nome con cui è più noto, Osiris"[9]
(Walker, p. 14).

Nella stessa Valle del Nilo, identico destino ha avuto Imhotep, il primo multigenio al mondo: costruttore della piramide di Saqqara e rinomato fisico (Walker, 2011).

Spostandoci a sud del Sahara e in un'epoca più recente, anche Okomfo Anokye fu divinizzato. Appartenente a una tribù degli

23

Akan (Ghana, Africa occidentale), egli portò sulla terra il trono d'oro in cui si dice sia contenuto lo spirito di potere e unità della nazione Asante.

Nella Diaspora questo processo continua, con la divinizzazione di Jean-Jacques Dessalines, eroe della Rivoluzione haitiana.

In sintesi

Esplorando le numerose concettualizzazioni africane del Creatore Supremo, ciò che è immediatamente evidente è che si tratta prima di tutto di una ricerca filosofica di significato, ordine e coesione sociale, dato che tutte queste idee sono sostenute da una funzione pratica e utilitarista.

Alla base sta il concetto che il Creatore è in tutte le cose e non è separato dal creato, quindi la sua vastità non può essere contenuta in una singola teoria o idea.

"Secondo la visione africana, la natura di essere unico di Dio non significa che ci sia una sola divinità. Né si può concludere che ci siano molte divinità creatrici. Tutt'al più, si deve accettare che la natura della divinità è unica, ma se ne possono trovare le caratteristiche in numerose manifestazioni" (Asante & Mazama, vol. 1, Introduzione).

Questi concetti ci spingono inoltre verso la scoperta esperienziale del sé, degli altri, della comunità e dell'ambiente per creare un'armoniosa ecologia di equilibrio, sostenibilità e continuità.

Conferiscono poi alla comunità modi di vivere che ispirano ideali positivi e valori di unità, inclusività e comunione, dove tutte le cose sono valutate e rispettate come costituenti importanti e necessari o aspetti del tutto.

"Gli africani possono usare tutto il materiale che l'ambiente mette a loro disposizione per esprimere le proprie idee su Dio. Per loro, tutto ciò che li circonda ha una sorta di trasparenza che gli permette di comunicare direttamente con il paradiso. Le cose e gli esseri non sono d'ostacolo alla conoscenza di Dio; piuttosto sono segni e indicatori della presenza divina"[10] (Zahan, 5).

Note bibliografiche

1. Mbiti, J. (1991), *Introduction to African Religion*; Second Edition. England: p. 10.

2. Danquah, J.B. (1968), *The Akan Doctrine of God*; Second Edition. England: p. 189.

3. Asante, M.K. & Mazama, A. (2009), *Encyclopedia of African Religion* Vol. 1. U.S.A.: Introduction.

4. Small, J. (2013), Video interview for Ancestral Voices 2 film, New York.

5. Asante, M.K. & Mazama, A. (2009), *Encyclopedia of African Religion* Vol. 2. U.S.A.: pp 619.

6. Mutwa, C. (2013), Video Interview for Ancestral Voices 2 film, South Africa.

7. Bempah, K. (2013), Video Interview for Ancestral Voices 2 film, London.

8. Griaule, M. & Dieterlen, G. (1986), *The Pale Fox*, Paris: pp 86, 100, 109, 184.

9. Walker, R. (2011), *Blacks and Religion*: Volume One. England: p. 14.

10. Zahan, D. in Olupona, J. (2011), *African Spirituality: Forms, Meanings & Expressions*. U.S.A..

Bibliografia

Asare Opoku, K. (1978), *West African Traditional Religion*. Nigeria: FEP International Private Limited.

Bempah, K. (2010), *Akan Traditional Religion; The Truth and the Myths*. England.

Fu-Kiau, K. (1980), *African Cosmology of the Bantu — Kongo*. Canada.

Jahn, J. (1958), *Muntu: African Culture and the Western World*. West Germany.

MacGaffey, W. (1986), *Religion and Society in Central Africa: The BaKongo of Lower Zaire*. U.S.A..

Morodenibig, N. (2011), *Philosophy Podium: A Dogon Perspective*— Second Edition, Illinois.

Temples, P. (1945), *Bantu Philosophy*. U.S.A..

CAPITOLO 2

La Natura e le sue forze

La profonda venerazione per la natura nella spiritualità africana deriva dalle osservazioni dei fenomeni naturali. È alla base dei principi antropomorfici, cosmologici e fenomenologici per vivere e conoscere il Creatore / "Dio".

Innanzitutto è percepita come la manifestazione fisica dell'Essere Supremo e contiene la sua forza vitale: "La teologia africana afferma che la vita, che è Dio, si esprime in tutte le forme. Ogni forma di vita è l'espressione di un'idea divina"[1] (Lartey, p. 109).

Ecco perché nelle pratiche rituali gli elementi naturali sono molto presenti: è un invito simbolico per il Supremo, perché prenda parte al processo e assicurari un risultato positivo (Beauvior, 2012).
Includere gli elementi naturali nel rito permette di accedere direttamente alla loro forza di manifestazione intrinseca — Ase, Chi, Mana, ecc. – che aiuterà a realizzare i desideri nella realtà fisica.

Perciò non è corretto da parte di coloro che professano altre religioni affermare che gli africani venerano la Terra. In effetti l'oggetto di venerazione è l'essenza, non la manifestazione fisica visibile.

Inoltre, si crede che la Natura sia un'estensione degli esseri umani, come Credo Mutwa afferma a proposito della spiritualità degli

Zulu: "Noi siamo il tutto nel tutto. Io sono nell'albero, proprio come l'albero è in me. È per questo che la nostra gente ha un così profondo rispetto della vita"[2] (Mutwa, 2013).

La sua affermazione conferma il concetto già esposto relativo alla "interconnessione delle cose": anche se le forme sono differenti, tutte le cose sono connesse perché condividono la stessa essenza in virtù del fatto che si sono originate da un'unica Fonte.
Perciò, il profondo rispetto per la Natura si spiega con il fatto che gli africani non si sentono separati dalla Natura, ma parte di essa. Ad esempio i cadaveri, seppelliti direttamente nella terra, si trasformano e ritornano a essere terra. La spiritualità africana promuove un equilibrio ecologico tra gli umani e l'ambiente.

Infine, la Natura è nostra guida e maestra. Ci fornisce un mezzo diretto per comunicare con il Creatore. È attraverso i segni e i simboli nella Natura che possiamo discernere informazioni e messaggi importanti.

Gli animali che incontriamo più volte nel corso della vita, ad esempio, possono darci qualche indicazione su eventi futuri o essere un segno che ci dice se l'offerta o il rito sono andati a buon fine. Usando queste guide, il praticante riesce a interpretare e capire meglio gli eventi e le situazioni in cui si trova.

La moltitudine delle espressioni e dei fenomeni nelle forme naturali dà anche origine a degli archetipi o idee sulla natura del Creatore. La forma delle montagne è diversa da quella delle colline, come questa è diversa da quella dei massi e così via, ma tutte derivano da un'unica Fonte.

Il fulmine, il tuono, le tempeste, gli incendi, ecc., tutte queste manifestazioni hanno funzioni diverse ma sicuramente servono a perpetuare la vita e alla sua rigenerazione.

Tali osservazioni e percezioni, di conseguenza, indicano per la mente africana che il Creatore non può essere uniforme e unidimensionale nelle sue manifestazioni, ma deve essere piuttosto un'entità con molte facce e molte funzioni.

Queste diverse manifestazioni, o aspetti, del Creatore sono rappresentate dalle forze della natura, a cui ci si riferisce di solito come divinità, o anche, incorrettamente, come "semi-dei" della cosmologia africana.

Le forze della natura
Le forze naturali sono note con una certa varietà di nomi nelle diverse comunità ma sono un punto fermo nella cosmologia di tutte le comunità africane.
Gli antichi Kemeti si riferivano ad esse come Neteru (forze della natura), nell'Africa occidentale sono note come Orisha (Nigeria), Abosum (Ghana), Nkisi, Minkinsi tra i Kongo, BaKongo e altri popoli Bantu dell'Africa orientale, centrale e meridionale.

Nella Diaspora, in Brasile e a Cuba, il termine Orixa è stato mantenuto, seppur con alcune modifiche nella grafia per adattarsi alle varie lingue.

In Haiti, si chiamano Loa e spesso sono le stesse Orisha Yoruba, a cui se ne sono aggiunte altre nate nel nuovo mondo.

Nel Suriname, nel pantheon Winti delle Forze Elementali esse sono note come Tapu-Winti o Tapu Kromanti e derivano, in larga parte, dall'antica cosmologia Akan.

Molta disinformazione è stata deliberatamente costruita dai primi missionari attorno alla celebrazione delle forze della natura per stigmatizzare la spiritualità africana.

I missionari conclusero, erroneamente, che la venerazione di queste forze fosse una conferma che per gli africani non esistesse un "Dio supremo" ma che venerassero piuttosto tutta una serie di "divinità minori".

L'assenza di altari o di templi dedicati al Supremo peggiorò l'equivoco, perché in tutte le altre religioni c'è sempre una "casa di Dio", una sinagoga, una chiesa o una moschea. Ma, nella visione africana, il Creatore è troppo immenso per essere compreso in una singola struttura, poiché egli "è presente in tutte le cose contemporaneamente"[3] (Small, 2013).

Questo pregiudizio sulla concezione delle forze della natura ha inoltre favorito la credenza secondo cui gli africani sono adoratori di "idoli", perché si possono vedere prostrarsi di fronte a rocce, incisioni, maschere, alberi, ecc. Si è sempre pensato che fosse l'oggetto a essere venerato, e non l'essenza della forza in esso racchiusa.

Così la mente straniera, non essendo capace di capire tale fenomeno, o forse scegliendo volutamente di ignorarlo, è erroneamente arrivata alla conclusione che tali oggetti fossero dei "feticci" o degli "idoli".

Molte famiglie africane, durante l'epoca coloniale,dimostravano in pubblico di allontanarsi dalle proprie tradizioni bruciando questi oggetti in segno di accettazione delle nuove dottrine imposte. Un gesto futile e vuoto in se stesso, poiché non si trattava che di tentativi di pacificazione simbolici con il nuovo ordine piuttosto che della conferma della "morte" di quella data forza.

Questi archetipi delle forze naturali non sono concepiti come l'insieme degli "dei" presenti nei miti o in altre tradizioni, come ad esempio, quella greco-romana, anzi questo paragone non fa che aggiungere confusione a ciò che realmente sono.

Innanzitutto, non sono entità autonome separate dal Supremo, con funzioni indipendenti da esso, con i loro poteri personali, come avviene nei miti greco-romani.

In secondo luogo, non vengono solo usate per spiegare i fenomeni sovrannaturali ma piuttosto, hanno anche funzioni importanti nello sviluppo del sé, mentalmente e fisicamente, e dell'organizzazione sociale.

In terzo luogo, non sono entità esterne all'essere umano, ma esistono come aspetti del nostro essere, sia mentalmente sia fisicamente, così come la Natura viene considerata un'estensione dell'essere umano.

Small ci fornisce una spiegazione emozionante di come il concetto di forze naturali sia fondamentale e ampio e delle sue connessioni e della sua importanza per l'umanità; questi archetipi spiegano come parti del corpo e della mente umani sono dei microcosmi appartenenti a un macrocosmo universale.

"Si tratta di quelle che nella società chiamiamo Leggi della fisica. Sono forze che esistono in natura, nelle piante, negli elementi e negli animali, in ogni cellula e organo del corpo umano e del grande cosmo. Esistono anche come processi in ogni apparato del corpo umano, dall'apparato respiratorio, a quello linfatico a quello digestivo"[4] (Small, 2013).

Ad esempio, Ogun, a cui di solito ci si riferisce come il "Dio della Guerra", è, a un livello più profondo, un riferimento al principio di trasformazione: dal suo stato naturale nelle miniere di ferro alla trasformazione in attrezzi come pentole per cucinare, gioielli, attrezzi agricoli, ecc. Il ferro è inoltre un componente essenziale del sangue umano.

L'essenza di Shango viene spiegata come la capacità del corpo di condurre e generare cariche elettriche, simili ai fulmini in una tempesta. Come archetipo è un riferimento al raggiungere uno stato di "Illuminazione" o "successo" quell'epifania che si ha quando si discerne chiaramente l'essenza delle cose. Per questo si dice che Shango "Illumini l'Oscurità", a indicare il processo mentale di quando ci si muove dall'ignoranza alla comprensione e alla conoscenza.

Yemanja e altre divinità legate all'acqua rappresentano l'acqua che compone circa l'80% del corpo umano, un elemento fondamentale per la sopravvivenza umana. Ecco perché tra le sue caratteristiche spesso ci si riferisce alla sua capacità di nutrire, proprio come una madre è fondamentale per la crescita di un bambino e per il suo nutrimento.

"Quindi la nostra fede è splendida perché la pratichiamo in ogni modo, anche dormendo, perché nel sonno, sogniamo e riceviamo dei messaggi. Le divinità nel sonno possono raggiungerci e darci dei messaggi da riferire alla comunità, per noi stessi e per i nostri fratelli. In realtà, il mio corpo custodisce un Orixa"[5] (Figueiredo, 2014).

In genere queste forze assumono forme antropomorfe maschili o femminili e hanno un sacerdote o una sacerdotessa tradizionali che officiano per loro conto, prescrivendo i rituali necessari e i riti a essi associati nelle cerimonie pubbliche.
Possono anche assumere forme naturali o animali, come si è già detto. "L'antropomorfismo si ha quando si usa una persona, un animale, una pianta, un uccello o un pesce per rappresentare un concetto, un'idea o un principio"[6] (Small, 2013).

I loro "poteri", o essenze, non sono limitati da questioni geografiche e ci sono resoconti documentati di Forze Antiche che si sono manifestate a individui nella Diaspora, alcuni senza conoscenza né connessione alcuna con la loro eredità spirituale, persa centinaia di anni prima durante la schiavitù, chiamandoli a diventare sacerdoti o intermediari (Ephirim-Donkor, 1997).

Il numero di forze che si venerano in ogni comunità varia spesso e dipende anche dalle caratteristiche del terreno. I popoli che vivono nella savana venereranno delle divinità diverse da quelli che vivono nella foresta o vicino ai corsi d'acqua. L'ambiente determina per la gran parte la natura e le funzioni delle Forze presenti nella cosmologia di quel popolo.

Ci sono anche delle differenze nei tipi di forze. Ci sono quelle che hanno origini antiche e sono al servizio delle comunità da tempi immemori e quelle che hanno origini più recenti.
Le ultime si manifestano tendenzialmente a sacerdoti o sacerdotesse e sono presenti solo sui loro altari.
Questi individui possono avere la funzione di medium per la canalizzazione dei loro messaggi o possono ricevere il loro potere durante le pratiche magiche o di guarigione.

Questo è forse più evidente nella Diaspora, dove, sotto condizioni di oppressione e sottomissione estreme, nuove Forze si sono manifestate e si sono aggiunte a quelle tradizionali.
Ad Haiti ad esempio, le "nuove" Forze sono chiamate spiriti "Petro", e se ne trovano di simili a Cuba e in Brasile.
Ne è una dimostrazione la divinità chiamata Agayu nella Santeria cubana, una forza legata al potere del vulcano e assente nel pantheon originale Yoruba, presumibilmente per via del fatto che nella terra di origine non ci sono vulcani.

Nella spiritualità africana non esistono i concetti di "buono" e "cattivo", ma solo di causa ed effetto. Le Forze agiscono unicamente in conformità con i desideri della persona che li invoca, con la comprensione implicita che ci sarà una conseguenza per ogni richiesta effettuata, poiché esse prima di tutto aiutano gli esseri viventi a soddisfare i propri desideri e raggiungere i propri obiettivi.

Un cattivo uso del loro potere è controproducente, poiché esse puniscono coloro che non usano il loro potere per fare del bene nella comunità ma soltanto per gratificare se stessi. Lo squilibrio che ne risulta deve essere corretto per fare in modo che si ristabilisca l'armonia. Al contrario, coloro che usano i poteri con integrità, onestà e per il bene pubblico sono benedetti con una vita fruttuosa e appagante.

Quindi è compito dell'individuo agire in maniera da onorare gli aspetti positivi delle Forze.
Talvolta ci si riferisce ad esse come "polizia spirituale" o "guardiani spirituali" poiché agiscono nell'interesse del bene pubblico e mettono in atto misure punitive per coloro che si mettono nei guai e ne tradiscono le aspettative.

Non si deve pensare a loro come se fossero solamente esterne al corpo ma come se fossero anche una parte del corpo e della mente umana, un punto in genere trascurato quando si affronta questo argomento. Questa mancanza ha alimentato ulteriori incomprensioni.

Ci dobbiamo ricordare che le Forze Naturali non sono viste come entità separate dal Creatore, ma piuttosto come modi differenti in cui egli si manifesta. Così proprio come il corpo umano contiene la forza vitale del Creatore, così esso contiene anche tutti i suoi aspetti.

"Per le religioni tradizionali africane il potere divino poteva essere vicino (o immanente) ma anche lontano (trascendente). Si pensava che il potere, o i poteri divini, fossero in ognuno di noi e in tutte le cose. Il potere, o i poteri divini, sono anche da qualche parte al di fuori di noi, nei Cieli"[7] (Walker, p. 14).

Il concetto di Forze Naturali nella cosmologia africana, perciò, è molto più di un semplice mezzo per capire il concetto di "Dio" o Creatore nella nostra realtà fisica. È utile per la comprensione e lo sviluppo del sé, l'organizzazione della comunità che cerca equilibrio e armonia in base al concetto di Natura Creatrice. Questi archetipi permettono una esplorazione mentale più profonda del sé, laddove razionalità ed empirismo possono non arrivare, per scoprire aspetti essenziali del nostro essere e delle relazioni con gli altri.

Areelson, un *ogan* (custode, guardiano) del terreiro Ilê Axe Iya Nassô Oká a Bahia, Brasile, ci ricorda il valore sociale e spirituale che possono avere per noi dopo averne approfondito la comprensione tramite lo studio.
"Non ho mai avuto dubbi sulle Orisha, la nostra fede viene alimentata ogni giorno, perché fino a che il praticante impara, diventando un adepto del Candombè, comincia a conoscere le cose, la sua fede si espande; guardi a destra e vedi un Orisha, guardi a sinistra e ne vedi un'altra. A volte sei in pericolo e hai bisogno di aiuto e un Orisha compare per aiutarti.

Io stesso, ad esempio, lo scorso maggio, sono stato assalito, derubato, e ho chiamato Ogun ed Esu, e lui (il ladro) è riuscito a prendermi solo un paio di cose, e ha fatto finta di non vedere il resto quando ho invocato le Orisha"[8] (Chagoes, 2014).

Come abbiamo detto nel Capitolo 1, le persone che hanno vissuto vite esemplari e particolarmente degne di nota sono onorate come Antenati divinizzati e, nel tempo, vengono aggiunti al pantheon degli dei in alcune comunità.

Auser (Osiris) e Imhotep dell'Antico Egitto ne sono un esempio, così come Shango e Okomfo nell'Africa occidentale e il leggendario re degli Shona in Zimbabwe, Soro-Re-Zhou, e ancora Jean-Jacques Dessalines ad Haiti e così via.

Agenti dello sviluppo sociale e personale
C'è una serie di tabù e proibizioni associati con le Forze della Natura in tutte le comunità africane, ma anche nella Diaspora. Essi non hanno semplicemente a che fare con problemi di etica e moralità, per così dire, ma riguardano soprattutto la sacralità, la considerazione, il rispetto e il valore per gli esseri viventi con cui si è in contatto quotidianamente.

I tabù variano a seconda della loro natura e del loro scopo: da quelli "professionali", a cui devono obbedire solo i sacerdoti tradizionali, ad altri rivolti invece ai devoti di particolari Forze, e possono essere divieti alimentari o comportamenti e norme sociali da rispettare.

Ad esempio, gli iniziati di Orisanla non possono bere vino di palma. Questo perché, nella storia della creazione Yoruba,

Orisanla era responsabile della creazione degli esseri umani e fece degli errori dopo essersi ubriacato, ed è per questo che esistono tra gli uomini delle disabilità. La lezione dietro a questo tabù è molto chiara: l'abuso di alcol può avere conseguenze dannose per se stessi e per gli altri.

Ai bambini si raccomanda di non raccogliere l'acqua piovana nel tronco cavo della palma quando sta piovendo perché Shango potrebbe punirli colpendoli con un fulmine. Questa narrazione origina dall'idea che questa azione potrebbe essere pericolosa perché potrebbe attrarre un fulmine e causare la morte dei bambini (Asante, 2009).

Allo stesso modo, nella tradizione Akan, i bambini non possono fischiare di notte perché questo potrebbe causare l'ira di Mmotia (uno gnomo che abita le foreste), che potrebbe arrivare e portarli via. Di nuovo lo scopo di questo tabù è evidente: fare rumore di notte disturba il sonno degli altri.

Il valore delle allegorie, dei tabù e delle narrazioni che stanno dietro all'archetipo delle Forze Naturali è chiaro: aiutare a sviluppare comportamenti e mentalità utili, che portino la comunità a vivere in armonia e permettano di svolgere le attività essenziali.

Ma non è soltanto attraverso i tabù che possiamo identificare l'utilità dei principi impersonati nelle Forze della Natura.

La loro efficacia nel promuovere modelli comportamentali efficaci è quasi sempre ignorata quando si parla di spiritualità africana, pensando che si tratti di "mera superstizione".

"Il Dott. Femi Biko da tempo insegna che le religioni tradizionali africane aiutano a controllare la mente. Secondo lui sono inoltre molto più efficaci delle tecniche per controllare il corpo, per ridurre il crimine e stabilire un ordine sociale"[9] (Walker, p. 17).

Il racconto della ribellione degli schiavi africani ad Haiti, a seguito della cerimonia vudu a Bois Caiman nel 1741, ci mostra il potere intrinseco degli archetipi che stanno dietro ai tabù e a certi comportamenti sociali.
Sotto il mantello di Ogou (dallo Yoruba Ogun), questi africani lottarono senza paura, armati di poco più che attrezzi agricoli, contro gli eserciti più potenti dell'epoca, francese, spagnolo e inglese, e ne emersero vittoriosi.

La vittoria non si può spiegare in maniera semplicistica unicamente come "magica" o fenomenale, ma essa è un esempio della motivazione psicologica innescata dall'archetipo che rinforzò il coraggio e la solidarietà e permise la vittoria.

Ogun è noto come il "Dio della guerra" Yoruba, ma è anche la Forza che assicura vittoria e successo. "Egli" libera la strada da tutti gli ostacoli, quindi si potrebbe dire che fu questa Energia che fu invocata per portare avanti il movimento di liberazione durante quello storico raduno tra gli africani della Diaspora.

Armati mentalmente di questo principio guida, gli haitiani si sollevarono uniti, utilizzarono strategie militari efficaci per liberarsi delle catene dell'oppressione. Quindi è fondamentale che le Forze si studino profondamente per il loro potere simbolico, invece di considerarle solo come rappresentazioni antropomorfe e mitologiche.

"Lwa, Orisha, Nkisi, Vudu, tutti i nomi che usiamo per chiamare i nostri spiriti, tutte le manifestazioni di Dio, ci insegnano a essere i nostri stessi padroni. I nostri stessi padroni. Ci insegnano a essere autosufficienti. Ci insegnano a essere amministratori e governatori dei nostri destini. Queste sono nozioni basilari di estrema importanza e valore incommensurabile nel XXI secolo"[10] (Desir, 2013).

Studiare, meditare e focalizzarsi su questi archetipi allo scopo di comprendere meglio il loro valore simbolico e divenire più esperti nei rituali disegnati per invocare la loro forza porta inevitabilmente dei cambiamenti nella vita individuale.

Forse la prova più evidente ne sono i rituali per compiacere le dee della fertilità che si organizzano per le donne che cercano di concepire.

In alcune comunità, si costruisce una bambola (di solito in legno) che la donna deve portare con sé per un certo periodo di tempo. Si dice che l'essenza della divinità viene invocata perché alloggi in essa e alla donna si richiede di trattarla come se fosse un bambino vero, prendendosene cura e facendo delle offerte nei momenti stabiliti, per aiutarla nel concepimento.

Un rituale così elaborato e lungo sarebbe un tempo stato screditato dalla mentalità empirica occidentale come un mero atto di superstizione, ma oggi se ne riescono ad apprezzare meglio l'importanza e gli effetti psicosomatici sull'individuo. Non si tratta soltanto di uno sforzo mentale, ma anche di uno sforzo fisico.

Come già detto, secondo la concezione africana dell'universo, mente e corpo (immateriale e materiale) sono collegati e ciò che avviene in una dimensione ha degli effetti sull'altra.
Perciò per la visione africana, non si tratta di una fantasia immaginaria ma di una "realtà" immaginaria: ciò che viene concepito e ricercato con la mente, infine si realizza.
"Una *nkisi* è anche una compagna scelta, in cui tutti trovano fiducia. È un posto in cui nascondere l'anima, per proteggersi e ricomporsi per preservare la vita"[11] (Thompson, p. 117).

Il potere della mente, anche di guarire e rigenerare il corpo fisico, è stato ormai dimostrato con molti esperimenti anche nella scienza occidentale si è, ad esempio, studiata la capacità curativa della mente dopo aver somministrato ai pazienti dei farmaci placebo (Effetti dei placebo sui pazienti affetti da Parkinson, 2015).

Programmi scientifici accettati di auto-sviluppo come la programmazione neurolinguistica (PNL), si basano sul principio che "ricablare", o cambiare, la mentalità di un individuo con le sue associazioni, ne modifica di fatto anche il carattere, la personalità e l'essere. Questo non è molto diverso dal modo in cui gli archetipi delle Forze della Natura sono sempre stati usati,

41

tuttavia la PNL è considerata all'avanguardia nello sviluppo delle neuro-scienze, mentre ancora oggi si pensa che la cosmologia africana sia per lo più "basata sulla superstizione", anche se viene provato il contrario.

La cosa più avvilente negli sviluppi di queste scienze è che le scoperte sono presentate come "nuove" e non si fa nessun riferimento alle pratiche africane, in cui di fatto certe tecniche vengono usate da millenni.

Allo stesso modo, in alcuni settori della neuro-scienza è stato confermato che i nostri pensieri non solo ci aiutano a concepire e percepire la realtà, ma sono anche responsabili dei cambiamenti nel corpo a livello cellulare (Cancer Therapy Study, 2014).

Attraverso le Forze della Natura possiamo attingere a un potere mentale che può essere utilizzato per raggiungere degli obiettivi oltre che per prendere delle decisioni, e conferma la profonda e antica comprensione degli africani di questo potere intrinseco. Si può dire che il fatto che esse siano state antropomorfizzate abbia contribuito a un equivoco secolare, ma forse questo era il vero scopo: creare un codice che solo i devoti possono gradualmente imparare a capire progredendo nel loro viaggio spirituale, ma che rimane oscuro alle menti non iniziate.

"La nostra comprensione della natura e di come funziona ci permette di creare queste manifestazioni che chiamiamo divinità o Orisha, che non sono altro che concetti, idee e principi che animano certe forze della natura.

Attraverso lo studio delle nostre religioni, possiamo capire come queste manifestazioni si muovono nella natura e poi possiamo imparare a muoverle anche in noi stessi, a partire dalla nostra personalità e passando poi all'etica, alla morale.

Cambiando il tuo comportamento, la tua fede, la tua mentalità allora fai agire queste forze nella struttura molecolare, cellulare, perché tali forze possono modificare anche il tuo corpo"[14] (Small, 2013).

Note bibliografiche

1. Lartey, E.Y.A. (2013), *Postcolonializing God*. UK: SCM Press.

2. Mutwa, C. (2013), Video intervista per Ancestral Voices 2 film, London.

3. Small, J. (2013), Video intervista per Ancestral Voices 2 film, London.

4. Small, J. (2013), Video intervista per Ancestral Voices 2 film, London.

5. Figueiredo, A. (2014), Video intervista per Ancestral Voices 2 film, Brasil.

6. Small, J. (2013), Video intervista per Ancestral Voices 2 film, London.

7. Walker, R. (2011), *Blacks and Religion*; Vol. 1. UK: Reklaw Education Ltd.

8. Chagoes, A. (2013), Video intervista per Ancestral Voices 2 film, Brasil.

9. Walker, R. (2011), *Blacks and Religion*; Vol. 1. UK: Reklaw Education Ltd.

10. Desir, D. (2013), Video intervista per Ancestral Voices 2 film, New York.

11. Thompson, R.F. (1983), *Flash of the Spirit; African & Afro-American Art & Philosophy*. U.S.A: First Vintage Books Edition.

12. Effect of Placebos on Parkinson Patients, 2015. Consultato 20 aprile 2016: http://www.webmd.com/brain/news/20150128/study—underscores—power—of—placebo—effect#1

13 .Cancer Therapy Study, 2014. Consultato 25 aprile 2016:   http://www.learning—mind.com/meditation—changes—your—body—on—a—cellular—level—new—study—finds/

14. Small, J (2013), Video intervista per Ancestral Voices 2 film, London.

Bibliografia

Capone, S. (2010), *Searching for Africa in Brazil: Power and Tradition in Candomble*. U.S.A: Duke University Press.

Etefa, T. (2012), *Integration and Peace in East Africa*. U.S.A: Palgrave Macmillan.

Greber, J. (Not provided), *Communication with the Spirit World of God: Its Laws and Purpose*. UK: Lighting Source UK Ltd.

Okemuyiwa, L.O. (2005), *Ori The Supreme Divinity*. Nigeria: Es-Es Communications Ventures.

Some, M.P (1994), *Of Water and the Spirit*. U.S.A: Penguin Group.

CAPITOLO 3

La natura dell'umanità e il suo scopo

Si dice che l'essere umano sia composto dagli stessi elementi che
compongono il Cosmo: una combinazione di materia (corpo) —
l'aspetto visibile, e spirito (l'essenza divina/la forza vitale) —
l'invisibile.

Come sostiene Fu-Kia per quanto riguarda la cosmologia Bantu-
Kongo: "L'essere umano (*muntu*, al plurale *bantu*) è sia un essere
energetico vivo (essere spirituale) sia un essere fisico (materia)"[1]
(Fu-Kiau, 1980, p. 133).

Il corpo è solo un contenitore attraverso cui lo spirito può
raggiungere il suo scopo/andare incontro al proprio destino, nella
dimensione fisica. "La parte fisica determina il lignaggio e il
diritto di eredità mentre la parte spirituale lo collega a Dio. La
parte spirituale, l'anima, è immortale ed è connessa al destino di
un uomo"[2] (Quarcoopome, p. 98).

In questo senso, la vita è in definitiva un flusso di energia o forza
vitale, che ha un impatto non solo sulla materia fisica ma anche su
altre Forze Vitali.
Il corpo ha una importanza limitata, poiché è la scintilla che lo
anima all'interno che guida e dirige i suoi processi.
"Per i Bantu, una persona vive e si muove in un oceano di onde/
radiazioni. Si può essere sensibili o immuni ad esse. Essere
sensibili alle onde vuol dire reagire negativamente o
positivamente alle onde/forze. Ma essere immune alle onde/forze
che ci circondano, vuol dire essere poco, o per niente reattivi.

Queste differenze spiegano perché nel processo di conoscenza /
apprendimento non tutti procediamo allo stesso modo"[3] (Fu-Kia,
p. 114).

È, perciò, la cura dello spirito che merita la nostra più alta
attenzione, avendo come ultimo scopo la riunificazione con il
Creatore.
In questo modo la conoscenza e la saggezza che lo spirito ha
accumulato nella sua vita fisica si aggiungono alla
"Consapevolezza divina" e la espandono. Lasciando il corpo
fisico, uno spirito che ha vissuto una vita esemplare sulla Terra,
diventa un Antenato divinizzato come un aspetto della
"Consapevolezza del Creatore".
I vivi possono continuare a comunicare con la sua essenza (lo
spirito) perché la morte non è una destinazione finale. Il corpo non
c'è più, ma lo spirito è sempre presente e immortale.

La reincarnazione permette allo spirito di essere contenuto in
corpi differenti nel corso di più vite, che possono essere umani,
animali, piante o altre forme vegetali.
Perciò ecco perché al corpo si riserva un'attenzione minore
rispetto a quella data alla sua essenza intrinseca. Ciò non significa
che il corpo sia totalmente insignificante, ma piuttosto che gioca
un ruolo quasi di facilitatore, è non è determinante perché
l'individuo raggiunga il suo scopo divino.

Lo Spirito / Forza Vitale nella cosmologia africana è la
quintessenza dell'essere umano. Senza di esso, il corpo non è che
una massa inanimata. Questa Forza Vitale non è un'entità

personalizzata ma piuttosto un aspetto del Creatore alla ricerca di un'esperienza che possa ulteriormente espandere la propria consapevolezza.

Questo spiega anche perché, per gli africani, gli esseri umani non sono separati dal Creatore ma un'unica cosa con esso, cioè, una divinità completa composta dalle due parti femminile e maschile.

L'aspetto del Creatore che si manifesta durante la vita di un essere umano serve a ricordarci e a farci tornare al nostro stato originale attraverso il conseguimento di uno scopo divino qui sulla Terra. Esistono una serie di simboli, segni e strumenti che aiutano lo spirito a raggiungere questo scopo.

La divinazione e i sogni ci danno degli indizi su quello che si deve fare e gli eventi da evitare per conseguire quel Destino. Anche la Natura ci fornisce dei simboli importanti per sollecitare la memoria, come degli animali o delle persone particolari, funzionali in questo viaggio.

Essere spirituale

Lo Spirito, Forza Vitale o Anima dentro ogni essere umano non è una singola entità omogenea, ma è piuttosto sfaccettato e composto da vari aspetti, tutti con uno scopo ben definito, che insieme agli altri assiste l'individuo nella realizzazione del proprio destino.

Con questo in mente, è facile capire perché nella cosmologia africana gli esseri umani non sono percepiti come differenti o separati da "Dio". Proprio come si pensa al Creatore come a un'entità composta di molte parti diverse, con tante funzioni che si manifestano nelle Forze della Natura, lo stesso vale per lo Spirito dell'essere umano.

Così ad esempio, gli antichi egizi identificavano nello Spirito tre componenti — Ba, Ka e Sahu, mentre gli Yoruba ne identificano cinque — Emi, Ojiji, Okan, Iye e Ori, a cui vengono dati anche altri nomi in base ai loro ruoli.
Ad esempio, l'Ori è considerato un governatore, una guida, è l'essenza che "porta" il destino della persona e ci si riferisce ad esso con il nome di Enikej quando assume il ruolo di assicurarsi che questo destino venga compiuto (Idowu, p. 93).

Credo Mutwa parla di 72 aspetti differenti della Forza Vitale di una persona o Ithongo, come viene chiamata nella Cosmologia Zulu; gli Akan usano il nome Sunsum ma anche Hybere, il primo è importante per la comunicazione nei sogni e i "viaggi astrali" mentre il secondo è l'aspetto dello Spirito che compie il suo destino. Per i Nuer (Etiopia e Sud Sudan), ci si riferisce ad esso semplicemente come "il soffio di vita" ed esso ritorna al Creatore quando lascia il corpo. Per i Bantu è Mana.

La Forza Vitale si attiva e coltiva nella Vita facendo delle offerte e attraverso i rituali e il culto degli Antenati.

Esistono quindi delle piccole variazioni nelle componenti della Forza Vitale/Spirito che dipendono dall'espressione delle culture locali, ma il punto fermo, costante è che nella visione africana, lo

Spirito è quella parte immateriale nel corpo fisico che origina da "Dio" e aspira alla riunificazione con la divinità.

Lo scopo di vivere è quindi "realizzare interiormente la divinità e vivere sul piano materiale secondo l'esempio di questa conquista" [4] (Asante, p. 628).

La reincarnazione ci dà l'opportunità di raggiungere questo scopo. È da qui che deriva la nozione religiosa dell'"incondizionato amore di Dio per l'umanità." Quindi, secondo la visione africana, non è vero che ci viene data solo un'unica possibilità nella dimensione fisica prima di essere confinati "alla dannazione eterna", ma è vero piuttosto il contrario. Ognuno ha tante possibilità quante sono necessarie per raggiungere infine lo stato di "coscienza divina".

Gli Antenati e le divinità hanno la responsabilità di viaggiare nella dimensione spirituale per identificare delle situazioni e innescare dei meccanismi che siano utili al corpo fisico perché si risvegli. Questa funzione viene esercitata durante il sonno e i sogni; da qui l'importanza dei sogni come messaggeri di informazioni.

Lo Spirito è tanto attivo nella dimensione spirituale quanto lo è il corpo nella dimensione fisica e i loro ruoli sono complementari. Si crede inoltre che alcuni aspetti della Forza Vitale rimangano nella dimensione fisica anche dopo la morte.

Ecco perché la comunicazione con gli Antenati e la loro celebrazione sono così importanti. A queste parti dello spirito intrappolate fra i due mondi si possono rivolgere preghiere e intenzioni perché l'intento si manifesti o ci arrivino dei consigli su come vivere per realizzare lo scopo divino.

"Quando il corpo fisico muore, dice un Muntu, il suo 'gemello' (Mwela-gindu) continua a vivere sia nella comunità sia fuori di essa. Mwela-ngundu continua a interagire e a parlare ai membri della comunità, ma anche nel mondo, attraverso sogni e visioni, onde, radiazioni, e anche atti straordinari"[5] (Fu-Kiau, p. 71).

La componente spirituale del corpo vive per sempre; non ha fine, ed essa continua ad attraversare la natura ciclica del tempo senza fine né inizio, proprio come la Forza Creatrice da cui ha origine.

Destino o scopo divino

Il concetto di "destino divino" è un altro dei punti fermi tra i sistemi spirituali africani. Gli esseri umani non sono solo il risultato di atti sessuali casuali ma piuttosto derivano da un accordo cosmico, un contratto per portare in questo mondo uno spirito che sarà d'aiuto per facilitare l'equilibrio e l'armonia universale.

Ogni individuo arriva già dotato, attraverso la forza vitale, delle abilità e dei talenti che le o gli saranno necessari per svolgere nel tempo particolari azioni, utili alla famiglia o alla comunità.

I Dagara (Burkina Faso) definiscono questi attributi la "medicina" (dono) individuale.

"Secondo i Dagara, questo mondo che noi chiamiamo Terra è un laboratorio per molte medicine (doni) differenti, che ognuno porta nel mondo.

Tutto ha inizio con una chiamata da questo mondo al mondo dello spirito, per richiedere che i nostri doni vengano mandati sulla Terra. Quando riceviamo la chiamata, e ci rendiamo conto che è perfetta per i doni che possiamo offrire al mondo, allora rispondiamo 'sì' e da quel momento ha inizio il nostro viaggio.

Il viaggio richiede che alcune persone specifiche facciano parte della nostra vita per ricordarci, nei momenti critici, perché siamo qui.

Mentre viaggiamo dal mondo dello spirito a questo mondo, siamo accompagnati da altri spiriti, che ci sostengono e ci aiutano a raggiungere il nostro scopo… la nostra prima missione sulla Terra è quella di provare la nostra medicina (dono) di cui il mondo ha bisogno"[6] (Sobonfu, 2013).

È risaputo che prima di nascere ci si accorda con il Creatore sul nostro Destino o Scopo e in vita dobbiamo tentare di raggiungere quell'obiettivo. Nonostante la "predestinazione", non è certo che riusciremo a perseguire l'obiettivo in questa vita.

Potremmo, infatti, non essere in grado di affrontare e risolvere le prove e i problemi che incontriamo nel corso della vita; per questo ci è data l'opportunità di reincarnarci, per provare ancora e ancora, fino a che sarà necessario.

Otre a fornirci una ragione di vita, il concetto di predestinazione può anche essere considerato sacro: è come un piano, un progetto che ci permette di scoprire e riconoscere la nostra divinità innata. Ogni individuo ha il dovere di essere il più possibile riflessivo e introspettivo e di non trascurare i propri pensieri, emozioni e azioni, per la realizzazione della vera essenza di ciascuno.

È soltanto tramite il discernimento del lavoro interiore che possiamo capire a pieno il nostro potenziale e il nostro sé completo, come nell'antico detto dei Kemeti "Conosci te stesso". Malidoma Some, saggio Dagara (Burkina Faso), esprime questo processo del divenire anche come "trovare il proprio centro". La vita è un processo di scoperta, attraverso una profonda riflessione e mettendo in atto le nostre nostre capacità dobbiamo disseppellire i nostri doni.

Lo scopo ultimo è arrivare a comprendere a pieno cosa ci manca o non ci permette di allinearci alla "Coscienza divina" e poi incarnare, cioè portare nel mondo, la nostra conoscenza.

Ba Fu-Kia ci dice che anche nella cosmologia Bantu-Kongo, le linee guida per elevare la mente a uno stato di "coscienza divina" parlano di familiarizzare totalmente con il sé. "Per cui, dobbiamo scoprire, o riscoprire, il cammino verso la settima direzione, non solo per la salute e l'auto-guarigione, ma anche perché questo ci rende capaci di conoscere noi stessi. Ci permette di diventare davvero 'esseri senzienti e agenti' [kadi-biyindulanga-mu-vanga], cioè, che fanno [vangi] perché siamo padroni [nganga] di noi stessi"[7] (Fu-Kiau, p. 135).

Il primo prerequisito per raggiungere lo scopo divino è essere consapevoli del modo in cui ci comportiamo con gli altri. Bempah dice, a proposito della tradizione Akan: "I nostri antenati ci suggeriscono una via per riunirci a Dio, Yeyiye, cioè la benevolenza, in altre parole, mettersi generosamente a servizio degli altri... guardate l'albero, ci dà semi e frutta, tiene della frutta per sé? No. Ci regala tutto.

Guardate il sole, ci dà luce e calore, e che cosa ci chiede in cambio? Niente. Prendete una mucca, essa produce latte ma beve quel latte? No, lo dà agli altri. La Natura lavora in questo modo e così gli antenati ci hanno detto di imitare Dio e metterci al servizio degli altri senza egoismo"[8] (Bempah, 2014)

Fondamentalmente allora quando parliamo di destino divino parliamo della scoperta di noi stessi, della "comprensione della natura del nostro potere"[9] (Desir, 2013) e perché esso si realizzi dobbiamo partecipare attivamente a questo processo di scoperta. Essere mentalmente presenti e aperti al riconoscimento dei messaggi e dei simboli che ci vengono presentati nella vita è fondamentale per imparare cosa dobbiamo fare e come, e ricordarcene.

I sogni e i sistemi di divinazione sono degli strumenti utili per ricordare; sono come dei contenitori di informazioni che ci servono per dirigerci verso la realizzazione del nostro scopo.

I sogni
I sogni, nella visione africana, non sono semplicemente aspetti dell'inconscio che ci ripropongono le informazioni raccolte

durante la giornata o la vita dalla nostra mente conscia. Invece, i sogni sono spesso messaggi o reminescenze di esperienze vissute dallo Spirito nella dimensione spirituale.

"Sono dei messaggi in codice che ci arrivano dal contatto con lo Spirito e che dobbiamo contestualizzare, non solo per il passato ma anche per il presente e per il futuro. Cose che nel passato abbiamo tralasciato, quelle a cui non abbiamo prestato attenzione nel presente o cose che dovranno manifestarsi nel futuro"[10] (Some, 2013).

Per noi è molto importante identificare i simboli e i segni che ci appaiono in sonno per decodificare il messaggio e darne la giusta lettura al sognatore. Perciò è bene condividere i sogni con gli altri e soprattutto con gli anziani in famiglia o nella comunità, perché ci aiutino a chiarire il messaggio e ci diano dei consigli.

I messaggi contenuti nei sogni sono essenziali perché ci aiutano a dirigerci lungo il sentiero del nostro destino sapendo come agire e gestire qualsiasi situazione di vita. Questo è particolarmente importante, poichè ci sono diversi tipi di sogni quelli che si riferiscono a una realtà individuale e quelli che invece si riferiscono a una realtà collettiva.

Distinguere il tipo di sogno ci aiuta a identificarne il significato più ampio. Ecco perché interpretarlo con l'aiuto di altri, in una dimensione collettiva, è meglio: perché mettendo insieme tante menti diverse è possibile riconoscere i simbolismi che un individuo da solo potrebbe tralasciare e non capire.

Si dice anche che la dimensione del sogno sia una vera e propria dimensione di esistenza, dove lo spirito può viaggiare e celebrare i riti necessari per ottenere armonia ed equilibrio nella dimensione fisica. Nei movimenti New Age, si parla propriamente di "viaggi astrali".

Come abbiamo già detto, nella dimensione del sogno si incontrano altri spiriti – gli antenati, i membri della comunità o altre forze, naturali o cosmiche. In questo spazio si può dialogare e vengono condivise con lo spirito del sognatore delle informazioni che gli sono necessarie.

Al risveglio, il sognatore si ritrova con particolari impressioni nella mente che sono fondamentali per capire cosa deve essere fatto per evitare delle catastrofi imminenti, delle malattie, o quali rituali eseguire, ecc.
Il sogno è proprio come una sessione di counselling, in cui riceviamo consigli e informazioni. È uno spazio attraverso il quale siamo sostenuti per andare avanti nel nostro viaggio.

In questa dimensione, gli antenati e altre forze si rendono disponibili per assisterci risolvendo qualsiasi problema, ed è proprio attraverso il dialogo con queste forze che arriviamo a una soluzione e al risveglio capiamo cosa fare.

"È la nostra mente inconscia che prende degli elementi che erano stati ingeriti dalla mente conscia e che dialoga anche con la nostra mente ancestrale. Questo è il sogno"[11] (Small, 2013).

La divinazione

Per divinazione si intende quel processo usato per predire il futuro o identificare delle questioni rilevanti che devono ancora avere luogo o si stanno verificando nella vita di qualcuno.

Serve per identificare le cause e prescrivere un corso di azione per superare questi eventi. In genere usiamo un rituale per proteggerci da ogni negatività o ad assicurarci di ricevere senza interruzione le benedizioni che ci aspettiamo.

Le divinazioni si possono fare per tutta una serie di motivi: dalla volontà di individuare la causa di una malattia a determinare che decisione si deve prendere rispetto a una certa questione, o anche per capire i messaggi mandati dagli antenati. In pratica, la divinazione è uno strumento che ci può guidare per capire come e cosa si deve fare in certe fasi particolari del nostro viaggio.

In Africa e nella Diaspora esistono molte forme diverse di divinazione, a seconda della comunità, ma hanno tutte gli stessi obiettivi: portare alla luce informazioni importanti su qualcosa che deve ancora accadere o è già successo e capirne l'impatto sulla vita di un individuo.

Anche gli oggetti con cui si divina sono diversi. Tra gli Zulu, si usano, fra le altre cose, le ossa e le pietre, tra i Dogon si usano dei segni sulla sabbia che si dice siano allineati con i corpi celesti. Alcuni fra gli Akan (Ghana) usano un procedimento per cui si deve guardare nell'acqua oppure usano degli "specchi magici"; lo stesso succede in alcune parti del Congo. Nel sistema Ifa degli

Yoruba (Nigeria), si usa una tavola di legno (Opon Ifa) su cui si mettono dei riccioli di legno presi da un termitaio, e su cui si leggono i segni che si creano dopo ogni lancio di una collana che forma un "Odu", o strada del destino.

L'Odu è accompagnato da una storia (Odu Ifa) che narra della situazione che stiamo interrogando e dice cosa fare per risolverla. Si trova qualcosa di simile nel sistema Afa degli Igbo (Nigeria) e degli Ewe (Ghana) in cui ricorre il lancio di una collana per la divinazione (Odigba Ifa).

I segni che si leggono nel sistema Ifa sono binari per natura, un po' come l'I-Ching per i cinesi con le linee Yin e Yang. Il sistema Ifa, però, si propone una lettura molto più ampia, e alla fine si riceveranno dei consigli che possono variare dai tipi di alimenti che si possono mangiare, al colore dei vestiti che è permesso indossare. Il sistema Ifa è il primo sistema binario usato nella storia dell'umanità.

Altri sistemi prevedono l'uso di noci di cocco, noci di cola e conchiglie di ciprea. I Bwiti del Gabon nell'Africa occidentale usano anche il vomito di persona per individuare questioni di particolare rilevanza spirituale e si basano su modelli predefiniti per decifrarlo.

Uno sciamano preparato in genere deve sottoporsi ad anni di pratica prima di riuscire a diventare esperto nell'arte della divinazione. I Babalawo Ifa devono studiare per un minimo di 30-40 anni per essere considerati esperti.

Non si tratta di un processo di interpretazione casuale dei segni, poiché il divinatore ha un'ampia gamma di stimoli a cui prestare attenzione nella lettura. L'odore della persona, la data o il giorno della nascita, il nome di chi interroga o il nome dei genitori, ecc. sono tutti stimoli che possono dare degli "indizi" per la lettura. Il divinatore "legge" solo ciò che è già presente dentro o attorno alla persona, anche attraverso il contatto con la Forza Vitale della persona stessa; il divinatore può discernere informazioni che sono rilevanti in quel momento.

Quindi si può dire che l'individuo che chiede la lettura è importante quanto il divinatore, perché funge da fonte di ispirazione.

Ognuno può anche fare delle divinazioni personali in genere si usano quattro conchiglie di ciprea o le quattro parti della metà di un guscio di cocco, che vengono gettate a terra.

Le divinazioni personali sono utili per cercare delle risposte a questioni su cui si sta riflettendo e che richiedono semplicemente un Sì o un No come risposta. Quando almeno due (conchiglie o gusci di cocco) cadono a faccia in su, questo sta a indicare un sì, altrimenti si ha un no.

Per domande più complesse bisogna rivolgersi a uno sciamano per interpretare il messaggio.

Le divinazioni in questo senso sono come cartelli stradali che guidano i viaggiatori verso la loro destinazione. Ci offrono l'opportunità di guardare avanti ed eventualmente prepararci, o di cercare un sentiero di viaggio alternativo per giungere alla meta scelta.

Note bibliografiche

1. Fu-Kiau, K.K.B. (1980), *African Cosmology of the Bantu-Kongo: Principles of Life & Living*. Canada: Athellia Henrietta Press. p. 133

2. Quarcoopome, T.N.O. (1987), *West African Traditional Religion*. Nigeria: African Universities Press. p. 98

3. Fu-Kiau, K.K.B. (1980), *African Cosmology of the Bantu-Kongo: Principles of Life & Living*. Canada: Athellia Henrietta Press. p. 114

4. Asante, M.K. & Mazama, A. (2009), *Encyclopedia of African Religion*; Vol. 2. U.S.A: Sage Publications. p. 628

5. Fu-Kiau, K.K.B. (1980), *African Cosmology of the Bantu-Kongo: Principles of Life & Living*. Canada: Athellia Henrietta Press. p. 71

6. Some, S. (2014), Video interview for Ancestral Voices 2 film, London

7. Fu-Kiau, K.K.B. (1980), *African Cosmology of the Bantu-Kongo: Principles of Life & Living*. Canada: Athellia Henrietta Press. p. 135

8. Bempah, K. (2014) Video interview for Ancestral Voices 2 film, London.

9. Desir, D. (2013) Video interview for Ancestral Voices 2 film, New York.

10. Some, S. (2014), Video interview for Ancestral Voices 2 film, London.

11. Small, J. (2013), Video interview for Ancestral Voices 2 film, New York.

Bibliografia

Gonzalez-Wippler, M. (1989), *Santeria The Religion*. U.S.A: Llewellyn Worldwide.

Knappert, J. (1990), *The Aquarian Guide to African Mythology*. England: Thorsons Publishing Group.

Mason, J. (2003), *Who's Knocking on my Floor?: Esu Arts in the Americas*. Yoruba Theological Archministry.

Mutwa, V.C. (1996), *Zulu Shaman: Dreams, Prophecies and Mysteries*. U.S.A: Lakebook Manufacturing Inc.

Umeh, J.A. (1999), *After God is Dibia*; Vol. 1. Britain: Karnak House.

Umeh, J.A (1999), *After God is Dibia*; Vol. 2. Britain: Karnak House.

CAPITOLO 4

Gli antenati

La venerazione degli antenati, o "adorazione degli Antenati" o "culto degli antenati", è l'unico aspetto della spiritualità africana che anche coloro che non sono molto addentro alle tradizioni conoscono.

Tuttavia queste espressioni sono di origine coloniale e riflettono o un ingenuo fraintendimento o il tentativo deliberato di darne una rappresentazione sbagliata.

Il ruolo degli antenati è in effetti molto importante. Nella concezione africana, come già specificato, la vita non ha fine, e quindi si crede che gli spiriti o le anime dei defunti siano sempre presenti, anche se sotto forme differenti. Possono ancora adempire al loro ruolo negli affari di famiglia o comunitari, anche se si sono spostati su un piano spirituale.

"Gli antenati non sono separati dalle loro famiglie terrene dalla morte e perciò si considerano ancora parte delle loro famiglie umane. In effetti, nel contesto africano, la famiglia è composta dai morti, i vivi e la generazione che deve ancora nascere!"[1] (Quarcoopome, p. 128).

Non si accede allo status di antenato automaticamente dopo la morte. Ci sono infatti delle condizioni che devono essere rispettate. L'individuo deve aver vissuto una vita lunga e coscienziosa, nel rispetto della famiglia e della società più in generale. Un individuo di questo tipo è considerato un essere illuminato, che si è realizzato, come ben esprime il titolo usato dagli Akan: Nana.

"Per gli Akan lo stato di Nana è l'obiettivo e il compimento della vita umana... L'espressione 'Nananom Nsamanfuo' che significa 'Colui che dà ed è fonte di illuminazione' è l'invocazione usata ogniqualvolta un Akan prega la Divinità Suprema"[2] (Bempah, p. 114).

Gli antenati, in genere, sono gli anziani della comunità, poiché la vecchiaia porta saggezza, accumulata in anni di vita ed esperienza. Coloro che perdono la vita in giovane età non otterrano tale status, così come coloro che muoiono in circostanze sfortunate come incidenti d'auto, malattie come la lebbra, l'epilessia o addirittura suicidi, perché queste circostanze vengono considerate dei segni di "corruzione" dello spirito che si sono manifestati fisicamente sul corpo.

Per cui lo stato di "Antenati" riflette una sorta di "perfezione", l'ideale più alto dello stato di essere umano e l'idea che l'obiettivo della vita umana è stato portato a compimento. Le "imperfezioni" sono in contrasto con questa idea e vengono considerate indicazione del fatto che un individuo non è adatto a tale status dopo la morte.
In alcune comunità, ad esempio quella degli Yoruba, anche morire senza avere avuto figli porta a non essere riconosciuti come antenati, per una ragione molto chiara: non c'è nessuno che può proseguire il lignaggio o ricordare e commemorare queste persone.

La morte violenta è un altro ostacolo a diventare "Antenato", con l'eccezione di coloro che muoiono in battaglia per difendere la comunità. In tal caso l'individuo è elevato a tal punto che può diventare una divinità, aggiungendosi al pantheon delle comunità.

La garanzia per essere ben accetto tra i ranghi degli antenati dipende dal carattere che si coltiva in vita, dall'assistenza che si dà alle persone bisognose, da come ci si comporta in maniera giusta ed equanime e da quello che si è ottenuto.

"Gli antenati, essendo vissuti, morti, e poi resuscitati e riconosciuti, raggiungono uno stato che nessun essere umano può raggiungere in vita — l'immortalità. Occupano il gradino più alto dell'esistenza, sono paragonabili a Dio, anche se non sono Dio, perché non possono creare o alterare l'ordine creato. Tuttavia, hanno raggiunto l'esistenza eterna dopo essere stati anziani perfetti"[3] (Ephirim-Donkor, p. 140).

Esiste anche una netta distinzione tra i vari tipi di antenati. Ci sono quelli che sono celebrati soprattutto dai membri della famiglia e quelli che vengono presi ad esempio dall'intera comunità. Gli ultimi sono in genere inclusi tra le divinità. Si potrebbe dire, quindi, che le differenze dipendono dal loro grado di influenza.

Antenati

Si tratta, in generale, dei membri della famiglia che hanno raggiunto la vecchiaia e un certo grado di saggezza. Sono gli eroi e le eroine che in vita si sono presi cura della famiglia e del loro lignaggio. Dopo la morte, vengono ricordati e celebrati. Erano rispettati per il loro aiuto e supporto quando erano vivi, e ci si aspetta lo stesso da loro dopo la morte.

I vivi assolvono i loro obblighi nei confronti degli antenati mantenendo viva la loro memoria con le offerte, le commemorazioni e i rituali. In questo modo, dirigono la loro energia verso gli spiriti degli antenati, rafforzando la loro Forza Vitale e rendendoli più forti nella dimensione spirituale.

È necessario commemorarli perché potrebbero ancora essere d'aiuto alla famiglia e perché continuino a mantenere i ruoli che avevano in vita. Poiché si trovano nella dimensione spirituale sono più vicini a Dio e, quindi, possono intercedere per i membri della famiglia come intermediari, per assicurarsi che le preghiere vengano esaudite e così via.

Poiché l'universo spirituale africano si basa sul concetto di reciprocità, le celebrazioni eseguite dai vivi per commemorare i defunti ritornano in termini di favori per i vivi nei momenti di necessità.
"I defunti non recidono i loro legami con i famigliari ma continuano a essere parte delle loro famiglie, assolvendo i loro obblighi da anziani. Sono considerati membri attivi della famiglia. La relazione tra i defunti e i vivi è simbiotica, poiché ogni gruppo

deve esercitare il proprio ruolo per il bene reciproco"[4] (Asare, p. 37).

Gli antenati divinizzati

Si tratta di individui le cui opere sono state di beneficio all'intera comunità, oltre che alla loro famiglia. Praticamente parliamo di eroi ed eroine nazionali, il cui lavoro esemplare ha portato benefici a tutti.

Spesso sono stati fondamentali per la fondazione delle comunità o hanno vinto dei conflitti che le minacciavano. In altri casi hanno compiuto azioni mitiche che continuano a vivere nel folklore oppure sono stati particolarmente abili nella loro arte.

In questo caso i defunti non diventano soltanto antenati, ma vengono riconosciuti come dei Creatori, poiché si sono occupati dei bisogni di tutti, anche di coloro con cui non avevano nessuna familiarità.

È per questa loro predisposizione che raggiungono uno status "simile a Dio", poiché le loro azioni sono assimilate a ciò che la Natura fa per provvedere agli esseri umani in generale, senza preferenze per nessuno in particolare. Si tratta di una pratica sacra comune tra tutti gli africani nel mondo e coerente in tutte le comunità.

Osiris, ad esempio, diventò una delle divinità egiziane perché si riteneva che fu lei a introdurre la coltivazione del grano, proprio come Imhotep, il versatile medico e architetto, famoso per le sue guarigioni miracolose e la sua abilità in architettura.

Tra i padri fondatori vengono ricordati ad esempio Soro-Re-Zhou in Zimbabwe, Nyikang dei Shilluk e Tsoedi, il primo re dei Nupe. Per il loro potere spirituale si ricordano Khambageu tra i Sonjo, Okomfu Anokye tra gli Akan e Tampa Vita in Congo — bruciata per aver resistito attivamente all'imperialismo europeo.

Anche Simon Kimbangu, un rinomato guaritore, e fondatore del Kimbaguismo, viene ricordato in Congo. E non possiamo tralasciare Jean-Jacques Dessalines, aggiunto al pantheon Vudu dei Loa dopo il suo passaggio, per il ruolo che ebbe nella guida della nazione haitiana dopo l'indipendenza dalla Francia.

Comunicare con gli antenati

In quanto esseri con i piedi in due mondi, per così dire, gli antenati possono essere d'aiuto perché le nostre richieste vengano "processate" e accolte nel mondo spirituale. Si può comunicare con loro in moltissimi modi — in genere si preparano altari e templi in loro onore in cui si offrono cibo e bevande e dove si pongono quelli che in vita erano i loro oggetti preferiti.

"Il Jengili è un altare dedicato agli antenati e creato con un cerchio di pietre; le offerte o i sacrifici che in esso hanno luogo sono dedicati alla madre dell'ego o madre degli antenati del lignaggio paterno... La sua funzione è di servire come ombelico energetico e, contemporaneamente, come cordone ombelicale attraverso cui fluiscono le energie dalle forme materiali a quelle non-materiali. Di solito è il luogo in cui si esprimono i destini degli individui nella loro forma energetica, trascendendo spazio e tempo"[5] (Morodenibig, pp. 260-263).

La libagione è un altro atto sacro usato per comunicare con gli antenati e richiedere il loro aiuto. Prevede che si versi dell'acqua o un alcolico in terra mentre si recitano delle preghiere per il loro benessere e si fanno delle richieste.

Nell'Antico Egitto abbiamo prova di individui che scrivevano lettere ai defunti per chiedere aiuto o anche di un'usanza per cui si lasciava un posto vuoto durante i pasti perché i defunti si potessero riunire con il resto della famiglia.

Lasciare fuori un contenitore pieno d'acqua durante la notte così che ogni antenato o essere in visita possa placare la propria sete è un'altra pratica comune per accontentare gli antenati e andare in contro ai loro bisogni.

Tutti questi atti simbolici di venerazione servono prima di tutto a comunicare ai defunti che essi sono assenti nella dimensione fisica ma la relazione con loro continua. Sono sempre presenti, esseri eterni e sempre benvenuti nella famiglia.

"Perciò la famiglia africana ha una dimensione sovrannaturale, perché è composta dai vivi e dai morti, ed entrambi hanno dei ruoli specifici nel supporto della famiglia e della società in generale"[6] (Asare, p. 38).

Esistono anche una serie di riti di comunità che si celebrano per onorare la loro vita, commemorare il loro ricordo e dimostrare la gratitudine per la loro continua assistenza. Questi eventi sono importanti anche per mantenere la coesione sociale e l'unità all'interno delle comunità.

Ne sono un esempio i vari festival: dell'Adae organizzato dagli Asante in Ghana, dei Mende della Sierra Leone, dei Fon di Dahomey e della società Mmo degli Igbo. In queste cerimonie pubbliche le maschere hanno un ruolo prominente, come anche nelle sfilate Egungun tra gli Yoruba e i popoli Teke o Bateke in Congo e Gabon e ancora tra i Dogon in Mali.

Lo stesso livello di rispetto e venerazione per gli antenati si ritrova fra gli afrodiscendenti nella Diaspora. Ad esempio ai Caraibi e nelle Americhe gli antenati degli schiavi defunti sono stati aggiunti al pantheon delle divinità. E non solo nelle comunità africane ma anche tra gli indigeni che abitavano quelle terre prima dell'arrivo degli europei, e in altri gruppi, come gli indiani e i cinesi.

In Brasile, gli antenati africani vengono chiamati Pretos Velhos mentre quelli indigeni vengono chiamati Caboclos. Se ne ritrovano di simili tra gli Winti in Suriname e nella cosmologia Comfa della Guyana.

Gli antenati rispondono ai vivi anche mandando loro dei messaggi attraverso i sogni, altre persone o segni e simboli in Natura come piante, animali, pietre e simili. Rimanere vigili e aperti è l'unico modo per discernere e decifrare questi messaggi. Gli antenati mandano continuamente messaggi in varie forme fino a che la persona interessata finalmente non li capisce. "Nella filosofia Vudu, la comunicazione con gli antenati viene prima di tutto dalla volontà degli antenati. Da parte nostra, dobbiamo sforzarci molto per sviluppare la nostra abilità e osservare, così quando fanno qualcosa per attirare la nostra attenzione possiamo notarlo"[7] (Bello, 2013).

E non dimentichiamoci che gli antenati sono una parte di noi dalla nascita, abbiamo i loro geni nel DNA perché siamo il prodotto delle loro unioni nel tempo. La comunicazione con gli antenati rispecchia dunque il tentativo di attivare la loro essenza dentro di noi, per poter imparare dall'esperienza e dalla saggezza che hanno accumulato nella vita, stimolando la "memoria cromosomica" (Beauvoir, 2013).

I progressi della scienza moderna confermano che alcuni marcatori genetici nei nostri cromosomi trasmettono caratteristiche, fobie e modelli comportamentali tra i membri di una famiglia nelle generazioni, e gli africani ne sono consapevoli da millenni (Emory University School of Medicine, 2013).

Per quanto riguarda adorazione e venerazione, si può dire che esiste una linea sottile che separa i due concetti e se davvero c'è una differenza, è sicuramente molto chiara per gli africani. Il dibattito sulla "adorazione degli antenati" alimentato da coloro che non aderiscono alle tradizioni deriva dal fatto che processi simili di venerazione, come le offerte e i sacrifici, sono usati per omaggiare sia le manifestazioni del Creatore sia gli Antenati.

Quindi anche se superficialmente i due processi sembrano assomigliarsi, per gli africani è molto chiaro che si celebrano gli antenati per riconoscimento e gratitudine; l'adorazione è una cosa diversa.

69

Pratiche simili si possono anche osservare nelle società occidentali, ad esempio, nelle celebrazioni che possono sembrare solo "secolari", come il giorno dei Veterani (US) o dell'Armistizio (Gran Bretagna) e i loro equivalenti negli altri paesi europei, in cui gli eroi di guerra vengono ricordati per il loro sacrificio per la nazione, ma anche questo è in realtà un modo per celebrare gli antenati.

Infatti, questi eventi sono spesso ufficiati dalle istituzioni religiose, in genere chiese cristiane delle varie confessioni. È quindi evidente che si tratta anche di celebrazioni religiose.

Similmente, la canonizzazione dei santi, la celebrazione delle glorie passate di re e regine, ecc. o la commemorazione delle personificazioni nelle religioni o filosofie orientali servono allo stesso scopo.
I Profeti e i Messia delle altre religioni arrivano tutti da un lignaggio di esseri umani, quindi anche loro sono in automatico antenati di qualcuno e per questo celebrati.

La venerazione degli antenati non fa che riflettere e supportare altri elementi essenziali nella visione del mondo secondo la spiritualità africana: concetti quali il ciclo senza fine della vita, la reincarnazione e l'obbligo che abbiamo di assicurare il benessere agli altri – le basi della vita in comune.

"Il ricordo continuo delle buone azioni degli antenati serve a spronare alla buona condotta i viventi; e la convinzione che i defunti possano punire coloro che violano norme sociali tradizionalmente condannate agisce da deterrente. La fede negli antenati, quindi, rappresenta una fonte importante di sanzione morale, poiché serve a riaffermare i valori su cui la societa è basata"[8] (Asare, p. 39).

Note bibliografiche

1. Quarcoopome, T.N.O. (1987), *West African Traditional Religion*. Nigeria: African Universities Press, p. 128

2. Bempah, K. (2010), *Akan Traditional Religion: The Myths and the Truth*, self-published, p. 114.

3. Ephirim-Donkor, A. (1997), *African Spirituality: On becoming Ancestors*, Eriteria: Africa World Press Inc., p. 140.

4. Opoku Asare, K. (1978), *West African Traditional Religion*, Nigeria: FEP International Private Limited, p. 37.

5. Morodenibig, N.N.L. (2011), *Philosophy Podium: A Dogon Perspective*; Second Edition. U.S.A: Firefly Productions.

6. Opoku Asare, K. (1978), *West African Traditional Religion*, Nigeria: FEP International Private Limited., p. 38.

7. Bello, B (2013), Videointervista per Ancestral Voices 2 film, Haiti.

8. Opoku Asare, K. (1978), *West African Traditional Religion*, Nigeria: FEP International Private Limited., p. 39.

Bibliografia

Amen, R.U.N. (1990), *Metu Neter*; Vol. 1. U.S.A: Kharmit Media Trans Visions Inc.

"Chromosome Memory" of Parental Genomes in Embryonic Hybrid Cells. By Serov, O. *et al.*, Russian Academy of Sciences, 2002. Accessed on the 10/05/2016: http://link.springer.com/article/10.1023%2FA:1024076808102#/page—1

Emory Universe School of Medicine research on the trans-generational transmission of traits through DNA. Accessed on the 2/02/2016:

http://www.telegraph.co.uk/news/science/science—news/10486479/Phobias—may—be—memories—passed—down—in—genes—from—ancestors.html

Fu-Kiau, K.K.B. (1980), *African Cosmology of the Bantu-Kongo: Principles of Life & Living*. Canada: Athellia Henrietta Press.

Philosophy Podium: A Dogon Perspective (2nd edition), Neb Naba Lamoussa Morodenibig, Firefly Productios, 2011, Chicago, USA.

Tempels, P. (2010), *Bantu Philosophy*. U.S.A: HBC Publishing.

MacGaffey, W. (1986), *Religion and Society in Central Africa*. U.S.A: The University of Chicago Press.

Mbiti, J.S. (1975), *Introduction to African Religion*; Second Edition. England: Heinemann Educational Publishers.

72

CAPITOLO 5

Forme di venerazione

Nella spiritualità africana non esistono rigide linee guida che a livello personale indichino la struttura o le forme da utilizzare per celebrare il Creatore, o delle sue manifestazioni. Una tale flessibilità deriva dalla comprensione e dal riconoscimento che lo spirito all'interno di ogni persona è in grado di intuire liberamente la forma della sua personale relazione con il Creatore, visto che esso stesso ne viene considerato un'estensione.

"Non ci sono dogmi nemmeno per quanto riguarda la preghiera, che altro non è se non una semplice chiacchierata, un mezzo di comunicazione diretta con l'invisibile, senza quelle 'formule' come 'Padre nostro' o 'Ave Maria' usate anche nella tradizione Vudu"[1] (Beauvoir, 2013).

Poiché il Creatore è "in tutte le cose contemporaneamente" non è necessario eseguire i riti o le celebrazioni in un posto, giorno o tempo particolari. Possono avere luogo ovunque, e in qualsiasi momento, come si dice anche nel proverbio Akan: "Se vuoi parlare con Dio, dillo al vento"[2] (Wope Nyame aka asem akyere no a, ka kyere mframa Bempah, 2014). Il Creatore è vicino a tutti, non si trova in un posto remoto nel Cosmo.

Le celebrazioni si possono organizzare per svariati motivi, non solo e sempre per una richiesta di aiuto: ad esempio, possono avere significato commemorativo, festoso o preventivo.

Le preghiere

In Africa, le preghiere non si limitano alla recita ad alta voce di alcune parole o frasi particolari. Le preghiere africane interessano anche i sensi — si possono usare le visualizzazioni, il movimento (le danze o le offerte di libagione) o coinvolgere il senso dell'olfatto (con piante, fuoco, legno, ecc.) tra le altre cose, per innalzare l'esperienza e animare la Forza Vitale interiore.

Innanzitutto la preghiera richiede di immaginare ciò che si vuole ottenere con una visualizzazione. La visualizzazione deve essere il più dettagliata possibile, si deve vivere una "esperienza" e incorporare nell'immagine mentale ogni profumo o suono che salta alla mente. Ad esempio, se si prega per la pace, l'immagine da richiamare alla mente potrebbe essere quella di un paesaggio calmo e pittoresco, con il profumo dell'erba e dei fiori vicino a un lago e il ronzio delle api e il fruscio delle ali degli uccelli che impollinano gli alberi sulle rive del lago (Credo Mutwa, 2013). Più dettagli si includono nell'immagine mentale, più la preghiera sarà efficace, più se ne vedranno i risultati velocemente. Nella forma di preghiera praticata in Africa si ha la massima espressione della "realtà immaginata".

È interessante che attualmente queste tecniche siano al centro di molti discorsi sull'auto-aiuto, in cui si ripete: "Puoi ottenere quello in cui credi e che visualizzi". A quanto si dice lo stesso metodo è usato dagli altleti per l'auto-motivazione e rientra tra le tecniche della PNL.

Curioso che venga considerato consistente in questi ambiti ma ci si riferisca ancora ad esso come a una "superstizione" se si parla di spiritualità africana.

Gli altari e gli spazi sacri
Si tratta di luoghi particolari in cui recarsi e focalizzare i pensieri e le preghiere e fare offerte e ricevere in cambio assistenza e consigli. In questi spazi le persone possono centrarsi e proiettare i propri desideri o pensieri.

"Uno spazio sacro e un altare sono luoghi concreti in cui si possono invocare gli spiriti"[3] (Bempah, 2013). Gli spiriti invocati poi possono assumere molte forme, a seconda delle Forze che contengono e dei loro ruoli.

"Lo spazio sacro è uno spazio in cui è possibile imbrigliare le Forze della Natura in un particolare strumento o luogo, ma solo i sacerdoti e le sacerdotesse con più esperienza sono in grado di farlo. La loro apertura e ricettività gli permette di dialogare e comunicare con gli spiriti per ricevere istruzioni e aiutare coloro che ne hanno bisogno"[4] (Small, 2013).

Lo spazio sacro è una specie di altare della comunità che serve ai bisogni di tutti, piuttosto che a quelli meramente personali. È uno sciamano locale a prendersene cura e può contenere molti oggetti che racchiudono gli spiriti invocati, che operano come guardiani per la comunità.

È anche lo spazio dove si compiono i rituali collettivi e le commemorazioni e dove lo sciamano si reca per ricevere una guida e istruzioni per interpretare i messaggi indirizzati alla comunità e così via.

L'altare, invece, si trova nelle case. In esso si possono posare oggetti particolarmente significativi come quelli appartenuti agli Antenati defunti, fotografie, ciotole per la libagione, offerte agli Antenati o ad altre Forze e spiriti guida. Simbolicamente, serve come porta tra i due mondi, luogo di scambio tra il mondo materiale e quello immateriale.

Le offerte si portano e le preghiere si recitano di fronte o vicino ad esso, e in cambio si ricevono istruzioni e messaggi dall'aldilà.

"È un luogo in cui raccogliersi e centrarsi su ciò che sentiamo importante in quel momento. Serve a ricordarci chi siamo. Su di esso si possono posare oggetti che fanno parte del proprio cammino spirituale, perché essenzialmente si tratta di un piccolo centro spirituale. Può essere dedicato a differenti persone, forme, esperienze e livelli di sviluppo"[5] (Yarborough, 2013).

I sacrifici
Una delle aree più controverse della spiritualità africana è forse quella delle offerte di animali vivi — galline, capre, agnelli, mucche, ecc.

Da molte persone non praticanti è considerata una forma superflua di crudeltà verso gli animali. Sono pochi, invece, fra coloro che praticano a essere contrari. Coloro che non approvano i sacrifici mancano di considerare ciò che sta alla base della spiritualità africana — la Forza Vitale.

I sacrifici vengono utilizzati per risolvere delle questioni spirituali ed è proprio la Forza Vitale in questi animali che viene usata per la riconciliazione e la risoluzione di questi problemi.
La Forza Vitale viene sfruttata per fare in modo di ottenere i risultati desiderati. I sacrifici sono eseguiti solo dagli sciamani più esperti o sotto la loro supervisione.

Nel Candomblè alcuni iniziati hanno identificato delle erbe che secondo loro hanno la stessa forza del sacrificio di un animale, e le usano durante i riti.

La Forza Vitale di un animale alimenta quella degli Spiriti per renderli "più forti" e loro ricambiano adempiendo alle richieste fatte nella dimensione fisica.
La credenza vuole che gli animali non siano forzati contro la loro volontà, piuttosto, prima del sacrificio, si raggiunge un accordo di consenso reciproco. Per verificarlo esistono diversi modi, che variano tra i costumi locali.
"Prima di procedere al sacrificio, si offrono all'animale cibo e bevande, e se l'animale accetta vuol dire che consente al sacrificio. Se l'animale dovesse rifiutare l'offerta, viene portato via e se ne sceglie un altro al suo posto"[6] (Jahn, p. 46).

Non tutti gli animali sono uccisi con coltelli, lame o strumenti del genere. Molti sciamani esperti sono in grado di usare invocazioni particolari e molto attente che si rivolgono direttamente alla Forza

Vitale dell'animale, così che esso accetti di scambiare la sua Forza Vitale e lo sciamano può procedere compiendo il sacrificio con le sue mani. Si tratta di cerimonie in cui di solito il pubblico non è ammesso.

Tra le pratiche di sacrificio, il sacrificio umano è forse la più controversa, poiché si tratta dell'uccisione di un essere umano per scopi rituali. Gli Asante (Ghana) ad esempio, in passato, usavano sacrificare un essere umano per accompagnare lo spirito di un re defunto nel suo viaggio verso l'aldilà e, secondo alcuni sciamani, erano le Divinità a preferire in questo modo.

Il sacrificio umano rappresenta la più alta forma di sacrificio possibile, poiché il sangue (Forza Vitale) che viene versato è anche sangue del Creatore. Il sacrificio umano è il mezzo più potente per assicurarsi di ottenere ciò che si vuole. La vita umana, a differenza di quella animale, è presa senza permesso.

Da un certo punto di vista, questo tipo di sacrificio rappresenta anche la più grave forma di perversione possibile, poiché in aperto contrasto con il principio spirituale dell'Ubuntu e con le leggi di equilibrio e armonia del cosmo. In tutti i casi di cui si ha notizia, coloro che hanno partecipato a questi rituali, così come i membri della loro famiglia estesa, sono stati vittime di pesanti recriminazioni da parte della comunità.

Questo perché i sacrifici umani rientrano nella categoria degli atti di "stregoneria" o "magia", cioè fanno parte di quelle pratiche che non sono utili né per la ricerca del bene comune né del bene personale, e non sono considerate accettabili. Questa pratica è cessata nel tempo grazie agli interventi dei governi.

Le libagioni

Per libagione s'intende un tipo di offerta in cui si versa una cospicua quantità di liquido, in genere acqua, sul terreno. È accompagnata da una preghiera. È un atto simbolico che serve, per così dire, a "placare la sete" degli Spiriti e a nutrirli.

Nella cultura africana, è irrispettoso chiedere senza dare, poiché in questo non c'è equanimità, quindi in linea con il principio dell'equilibrio tra le dimensioni, si deve dare per ricevere — così nei cieli, come in terra. La libagione è inoltre un atto di rispetto per gli esseri eterei a cui ci rivolgiamo perché ci aiutino.

Questa usanza risale all'antico popolo Kemet ed è ancora praticata, sia nel Continente sia nella Diaspora. Il liquido può anche essere versato in un contenitore speciale se non è possibile versarlo direttamente a terra. La libagione inizia con una chiamata specifica per gli Antenati e gli Spiriti per ringraziarli.
Vengono chiamati per nome e si richiede la loro presenza a officiare alla cerimonia per assicurarsi che le richieste vengano accolte favorevolmente. Il passo successivo è dialogare con loro rispetto a ciò che andiamo a chiedere.

Alcune libagioni possono essere accompagnate da "preghiere liturgiche", specialmente se si tratta di un evento comunitario officiato da uno sciamano. Poiché questi eventi in genere servono per celebrare le Forze che proteggono le comunità, lo sciamano segue delle linee guida ben precise e si basa sulle tradizioni tramandate nel tempo dai suoi predecessori, come custodi della/e Divinità.

Tuttavia, questo non è necessario se si tratta di libagioni personali, che possono variare in base allo scopo e anche ai destinatari — il punto fondamentale rimane il ringraziamento, insieme al riconoscimento degli Spiriti chiamati per officiare e assistere al rito.

Le offerte

Le offerte assomigliano molto alle libagioni — sono dei gesti simbolici per nutrire le Forze — e servono a manifestare stima e gratitudine. Anch'esse possono assumere diverse forme, a seconda del contesto.

Le offerte si possono lasciare lungo la strada, in natura, su un altare o nello spazio sacro, o addirittura nelle bare dei defunti, e così via. Possono includere carne, frutta, verdura, acqua, altre bevande, dolci, torte o anche cibo cotto. Le offerte lasciate in natura diventano cibo per gli animali, per cui hanno un evidente beneficio anche sul piano terreno. Favoriscono inoltre l'equilibrio e un corretto ciclo ecologico, con considerazione e rispetto verso tutti gli esseri viventi.

Il canto

Il suono è potere. Non stiamo parlando di un qualsiasi rumore ma di una potente forma vibrazionale capace di aprire i portali tra le due dimensioni. Sviluppa energia e la trasferisce, per questo il canto è un altro mezzo importante per aiutare la comunicazione tra il mondo fisico e quello spirituale.

Diveniamo consapevoli della sua potenza quando, ad esempio, la voce di un cantante si eleva a tal punto da crepare e mandare in frantumi un vetro — l'immateriale influenza la materia, a dimostrazione di uno dei concetti fondamentali della spiritualità africana!
"Si dice inoltre che tramite il canto il corpo possa rilasciare tossine ed è uno dei metodi più usati in Africa per combattere la depressione, com'è evidente nei rituali di lutto, e permette che la vita ritorni a fluire nel corpo"[7] (Some, 2013).

Ecco perché il canto e altri mezzi per produrre suoni sono molto presenti nelle cerimonie rituali: servono per aprire le porte e richiamare gli Spiriti.
Strumenti come l'acheré (una sorta di maraca rituale formata da una zucca ricoperta da una rete di perline colorate e attaccata a una campanella), gli shaker come le maracas o i campanacci e simili sono usati molto comunemente e servono per richiamare gli Spiriti.

Esistono dei canti specifici usati per invocare alcune Forze in particolare. Ad esempio, ci sono moltissimi canti dedicati alle

Orisha, che derivano da "tradizioni stabilite" nel tempo ma che, comunque, non sono considerati "unici e immutabili".

A volte basta semplicemente chiamarli o menzionare il loro nome per richiamare l'attenzione degli Spiriti e chiedere il loro aiuto. In una visione cosmologica del mondo basata principalmente sulla interazione tra energie, onde e vibrazioni, qualsiasi chiamata sarà recepita e riceveremo sicuramente una risposta.

Quanto i culti ereditati siano rimasti importanti per gli africani emerge anche dagli Spiritual, i canti degli schiavi africani che nella Diaspora furono costretti a convertirsi al Cristianesimo, e che cominciarono per aiutarli a sopportare le sofferenze a cui erano sottoposti.

Quando siamo stati portati qui (negli Stati Uniti), eravamo completamente nudi, non avevamo niente, siamo stati picchiati, bruciati, separati, ma il nostro spirito era ancora vivo ed è per questo che siamo sopravvissuti. Cominciammo a cantare l'uno per l'altro; non smettevamo mai di cantare e quel canto ci permetteva di trasmettere il potere della parola, lo spirito che emergeva per sostenerci l'un l'altro. 'Non mi lascerò abbattere da nessuno', ecco cosa ci ripetevamo, di non mollare, e questo è il potere dello spirito! [8] (Yarborough, 2013).

La danza

La danza non è solamente una forma "secolare" di intrattenimento. Come abbiamo detto, tutte le cose originano dallo spirito o sono associate con esso, e la danza non è un'eccezione. Le danze hanno innumerevoli funzioni: ad esempio, ci sono quelle che servono per preparare il corpo a un parto dolce e quelle per i riti di passaggio.

Ci sono anche quelle che servono specificamente a comunicare e interagire con il mondo spirituale e tutti gli Esseri che ne fanno parte. "È lo spirito dentro di noi che dà energia alla danza"[9] (Yarborough, 2013).

Quando il danzatore esegue tutti i movimenti necessari per onorare le Forze, invoca l'energia particolare dello Spirito a cui la danza è dedicata, perché si unisca con la sua — il danzatore diventa un canale di comunicazione.

Spesso le persone scelte per dare voce e canalizzare non hanno alcuna memoria di ciò che viene detto o fatto quando sono in simbiosi con l'essenza della Divinità e, degli assistenti, istruiti a questo proposito, sono a disposizione per tradurre il messaggio canalizzato al pubblico.

Non avendo forma, le Forze non possono interagire direttamente sul piano fisico, e per questo usano gli esseri umani come canali. Questo fenomeno è stato erroneamente etichettato come "possessione"— sottintendendo uno stato forzato di coscienza alterata.

Nei diversi sistemi — Ifa, Candomblè, Lucumi (o Santeria) — ogni Orisha ha una propria danza. Tra gli Akan la danza viene chiamata "Akom", che significa letteralmente "profezia", poiché i messaggi trasmessi hanno spesso natura profetica.

Anche la danza in trance serve a comunicare con lo spirito, come avviene nei sistemi Comfa in Guyana e Winti in Suriname.

"In Europa la danza ha sempre uno scopo: smuovere il proprio partner, esprimere uno stato d'animo, soddisfare la voglia di muoversi, intrattenersi, esaltarsi e così via. La danza africana, invece, ha sempre un significato, un senso. Mantiene il giusto ordine nel mondo"[10] (Jahn, p. 85).

I tamburi

Oltre alle sue ben note funzioni come mezzo di comunicazione e intrattenimento nelle cerimonie e negli eventi pubblici, il tamburo occupa un posto sacro nella spiritualità africana. Non è considerato semplicemente uno strumento ma un Essere Animato e dotato di Forza Vitale; ecco perché i tamburi usati principalmente per i rituali sono prima sacralizzati.

"Generalmente, i tamburi africani si ricavano dal tronco di un albero speciale, che deve essere benedetto con un rituale appropriato, che varia a seconda della regione e della comunità. Il legno dei tamburi non si curva e non si deforma, indipendentemente dall'ambiente. Tuttavia, esistono tamburi fatti con argilla cotta, zucche a fiasco, e anche di metallo. Il tamburo può avere qualsiasi forma"[11] (Niangoran-Bouah, p. 82).

Si dice che il tamburo sia stato uno dei primi strumenti costruiti dopo la creazione dell'Universo e per questo il costruttore di

tamburi, proprio come il fabbro, è tenuto in grande
considerazione nelle società africane.

Il tamburo letteralmente trasmette la voce di "Dio" e il ruolo del
percussionista è fondamentale perchè il messaggio che viene
diffuso con il suono sia corretto, per ottenere il risultato voluto.
Non c'è da stupirsi se viene usato anche durante i rituali di
guarigione, per la frequenza delle sue vibrazioni e il suo influsso
sul benessere della persona malata.
"I tamburi creano vibrazioni particolari, in grado effettivamente di
mutare la forma delle nostre cellule"[12] (Small, 2013).

Come si è detto in precedenza a proposito del canto, è
principalmente per la sua capacità di produrre suoni, requisito
necessario per trascendere le dimensioni, che il tamburo viene
tenuto in così alta considerazione.
Anche in contesti "mondani" ci possiamo rendere conto del suo
potere, quando il pubblico cade in una specie di trance durante gli
assoli di tamburi ai concerti o è "forzato" a muovere la testa e il
corpo al ritmo sottostante dei tamburi.

Il ruolo del percussionista è molto importante e non è da
sottovalutare, poiché egli non crea soltanto un ritmo in sequenza,
fa molto di più.
"Suonare il tamburo non vuol dire percuotere la pelle facendo
suoni a caso, ogni ritmo ha un tempo perfezionato per una
ragione particolare. In alcune società, come gli Akan, il
percussionista di tamburi sacri deve praticare e studiare per 40
anni prima di essere autorizzato a suonare pubblicamente, perché

per una nota sbagliata potrebbe essere punito con la morte. Alterare una nota significa alterare la vibrazione dell'intera sinfonia"[13] (Small, 2013).

Meditazione e yoga
Nonostante questa sezione possa sorprendere qualche lettore / lettrice, è bene accennare che le discipline che oggi diffusamente chiamiamo "meditazione" e "yoga" non si trovano soltanto nell'induismo, buddismo o altre pratiche orientali.
Ne esistono molte forme che sono ancora oggi praticate dagli afrodiscendenti.

Grazie ai progressi nella genetica, abbiamo delle prove indiscutibili che dimostrano che gli esseri umani ebbero origine in Africa, e ciò significa che molte delle pratiche che seguiamo sono di origine africana. Anche se si può asserire che certe pratiche hanno potuto svilupparsi unicamente all'interno di un certo contesto o periodo storico, ciò non nega che l'ispirazione, di solito, viene da cose già esistenti o che sono esistite.

La terra che oggi chiamiamo India, patria dell'induismo, è anche una regione che ha mostrato di aver beneficiato di molte migrazioni nel passato, dei Kush dell'Antico Egitto, ad esempio, che hanno dato vita alla civiltà dell'Hindu-Kush (nel Caucaso afghano).

Infatti, degli studi recenti (New Scientist, 2008) hanno chiaramente dimostrato che gli indiani moderni hanno ancora dei geni dei loro antenati africani. Inoltre, la gente del popolo Jawara che vive sulle Isole Andamane ha ancora dei tratti visibilmente africani.

Wayne Chandler, nel suo libro *Ancient Future*, afferma che l'aspetto degli indiani moderni è il risultato dell'unione tra i colonizzatori europei e gli indigeni africani.

Su alcune pareti e papiri dell'Antico Egitto sono state trovate immagini che mostrano molte pose simili a quelle praticate in quello che oggi chiamiamo "yoga". Anche se non abbiamo alcuna testimonianza dei Kemet in cui ci si riferisca esplicitamente ad esse come tali, non è infondato pensare che queste pratiche potrebbero essere di origine africana.

Senza dimenticarci quanto questo popolo fosse spirituale, come tutti gli altri popoli africani, come si è detto in questo testo, domandiamoci: Che altro scopo avrebbero potuto avere queste pratiche, a parte quello spirituale?

Anche per quanto riguarda la meditazione, non abbiamo testimonianze esplicite di pratiche legate all'uso del respiro o al tentativo di creare il vuoto nella mente in alcuna disciplina spirituale se non nel buddismo.

Ma abbiamo testimonianza di pratiche simili, che consistono nello stare seduti in silenzio per lunghi periodi focalizzandosi sull'acqua in una ciotola o su una fiamma — un metodo di sviluppo spirituale diretto a "imparare a vedere nella vera natura delle cose", come si dice anche nel proverbio Akan: "Colui che osserva il problema, lo comprende" (Wofwefwe asem mu a, wuhu fwefwe).

In Oriente entrambe queste pratiche sono associate con lo sviluppo dell'energia "Kundalini" che permette di raggiungere certi stati di "euforia spirituale".

Curiosamente, Credo Mutwa racconta che gli Zulu parlano di una energia "Umbilini" — che si manifesta dopo aver trascorso molto tempo seduti in silenzio. Ne parlano anche i Khoisan del Sud Africa, secondo cui si attiva attraverso una specifica danza rituale.

Abbiamo voluto dedicare questa sezione a queste due pratiche poiché non sono affatto lontane, per natura o filosofia sottostante, da quelle che associamo con l'Oriente.

Anche se oggi sono praticate con delle piccole varianti, i loro scopi sono rimasti gli stessi, cioè, favorire lo sviluppo spirituale.

Note bibliografiche

1. Beauvoir, M. (2013), Videointervista per Ancestral Voices 2 film. Haiti

2. Bempah, K. (2014), Videointervista per Ancestral Voices 2 film. London

3. Bempah, K. (2014), Videointervista per Ancestral Voices 2 film. London

4. Small, J. (2013), Videointervista per Ancestral Voices 2 film. New York

5. Yarborough, C. (2013), Videointervista per Ancestral Voices 2 film, New York

6. Jahn, J. (1961), *Muntu: African Culture and the Western World*. U.S.A.: Grove Press Inc. p. 46

7. Some, S. (2013), Videointervista per Ancestral Voices 2 film. London

8. Yarborough, C. (2013), Videointervista per Ancestral Voices 2 film, New York

9. Yarborough, C. (2013), Videointervista per Ancestral Voices 2 film, New York

10. Jahn, J. (1961), *Muntu: African Culture and the Western World*. U.S.A.: Grove Press Inc. p. 85

11. Niangoran-Bouah in *African Traditional Religions in Contemporary Society* (1989), edited by Jacob K. Olupona, Georges Paragon House, Minnesota, USA

12. Small, J. (2013), Videointervista per Ancestral Voices 2 film. New York

13. Small, J. (2013), Videointervista per Ancestral Voices 2 film. New York

Bibliografia

Ben-Jochannan, Y.A.A. (1991), *African Origins of the Major "Western Religions"*. U.S.A: Black Classic Press

Capone, S. (2010), *Searching for Africa in Brazil: Power and Tradition in Candomble*. U.S.A: Duke University Press.

Chandler, W.B. (1999), *Ancient Future: The Teachings and Prophetic Wisdom of the Seven Hermetic Laws of Ancient Egypt*. U.S.A.: Black Classic Press

Greber, J. (Not provided), *Communication with the Spirit World of God: Its Laws and Purpose*. UK: Lighting Source UK Ltd.

Jahn, J. (1961), *Muntu: African Culture and the Western World*. U.S.A.: Grove Press Inc.

Knappert, J. (1990), *The Aquarian Guide to African Mythology*. England: Thorsons Publishing Group.

Mbiti, J.S. (1975), *Introduction to African Religion*; Second Edition. England: Heinemann Educational Publishers.

Olupona, J.K. (1989), *African Traditional Religions in Contemporary Society*. U.S.A: Paragon House.

Olupona, J.K. (2011), *African Spirituality: Forms, Meanings & Expressions*. U.S.A: The Crossroad Publishing Company.

CAPITOLO 6

I rituali

I rituali sono il mezzo attraverso il quale è possibile comunicare con il mondo spirituale nella veglia; metaforicamente, sono il sistema di telecomunicazione per accedere alla dimensione non fisica.

"Il rituale è, prima di tutto, il criterio attraverso il quale si misura il proprio stato di connessione con il mondo nascosto degli antenati, con cui l'intera comunità è geneticamente connessa. In un certo qual modo, i Dagara pensano di essere una proiezione del mondo spirituale"[1] (Some, M, p. 12).

I rituali variano nella forma e nello scopo e vengono eseguiti per moltissimi motivi: ringraziare perché ci si sveglia ogni mattina, compiere un viaggio e tornare sani e salvi, il successo negli affari, comunicare con le Forze perché ci guidino e così via.
Esistono dei rituali per la manifestazione degli spiriti, di celebrazione, di lutto, per comunicare con gli antenati, riti di passaggio e pulizia (energetica), ecc.

Per ogni impresa o bisogno umano a cui si può pensare, esiste un rituale o se ne può creare uno. In sostanza, la pratica rituale si basa sul riconoscere che gli spiriti hanno una influenza nelle nostre vite: si assicurano, infatti, che la relazione tra i due mondi favorisca l'equilibrio e sia di beneficio a coloro che credono.

"Le azioni simboliche, le libagioni, le invocazioni, i sacrifici degli animali, i bagni di fuoco, ecc., a cui si partecipa in uno stato di

completa coscienza, così come quando si è completamente
posseduti, tutti servono ad aumentare il potere fisico e mentale
dell'uomo"[2] (Jahn, p. 41).

La parola stessa, rituale, in base alla definizione che ne viene data
dal dizionario, implica un approccio ben definito all'esecuzione di
un atto. Se questo è vero per i rituali di comunità, non è sempre
così per quelli individuali.
Poiché si ritiene che gli esseri umani siano prima di tutto Esseri
Spirituali, non c'è nessun tipo di restrizione su qualsiasi rituale
specifico che si possa creare individualmente e condurre per
provvedere ai bisogni di un singolo, anche senza la direzione di
un sacerdote o di uno sciamano.

Ogni individuo è in grado di intuire cosa fare grazie alla
connessione diretta con la Forza Vitale e l'essenza degli Antenati
che si porta dentro. Questo ci insegna quanto una pratica di
questo tipo possa anche essere di auto-impoteramento, perché
l'individuo è totalmente responsabile di andare a contattare la sua
conoscenza interiore, invece di lasciarsi completamente guidare
da forze esterne.

"Il rituale si esegue quando la nostra anima ci comunica qualcosa
che il corpo traduce in bisogni, mancanze o assenze. Quindi
eseguiamo il rituale per rispondere alla chiamata dell'anima"[3]
(Some, M, p. 25).

Rituali di comunità

Se pensiamo alla pratica dei rituali di massa, i sistemi spirituali
africani possono essere percepiti come una sorta di "religione",
perché l'intera comunità compie delle azioni prestabilite in
maniera collettiva per gli stessi obiettivi.

Tali rituali segnano in genere importanti eventi nel ciclo della vita
della comunità, come l'inizio di un nuovo anno, il lutto per il
"passaggio" dei leader, l'inizio o la fine della stagione agricola, la
necessità di ripulire la comunità da entità negative o celebrare
eventi astronomici come la luna piena, e così via.

Anche in questi casi, non c'è alcun obbligo di partecipare e
ciascuno può scegliere secondo la propria volontà.

Tuttavia, i membri di una comunità di solito sanno bene che è
importante partecipare, non solo perché sono pienamente
coscienti del potere e dei benefici che ricadranno sulla comunità
tutta, ma anche degli effetti negativi che la non-partecipazione
potrebbe avere non soltanto su di loro, ma anche sulla loro
famiglia come unità dentro la comunità.

I rituali sono ritenuti molto importanti per la coesione sociale e
l'identità collettiva, risvegliano la coscienza sul destino comune e
la responsabilità verso gli altri nello spazio condiviso della
comunità.

Ne abbiamo un esempio nel festival Homowo celebrato dai Gas in
Ghana, una celebrazione che si tiene alla fine del raccolto per
ringraziare di quanto ottenuto e contraccambiare la generosità
delle Forze della Natura e della terra.

Esso è suddiviso in molte fasi: si visitano gli spazi sacri per
compiacere le divinità, si offre loro del cibo, si suonano i tamburi,

si eseguono delle danze e delle processioni ma si condivide anche il cibo tra vicini, sia all'interno della comunità sia con altri.

Nell'Antico Egitto, la festa per Osiride-Seker-Ptah era un evento importante nel calendario degli africani neri in cui ogni anno si celebrava il Sesto Mistero, il 22 dicembre.
Durante questo evento si teneva anche la Festa dell'Erezione dello Zed (o Djed, la rappresentazione della spina dorsale del dio Osiride), che simboleggiava la resurrezione di Osiride per mantenere stabilità, rispettare la legge e l'ordine.
Se ne fa riferimento nel *Libro dei Morti*, dove si dice: "Fate della parola di Osiride la verità contro i suoi nemici. Alzate lo Zed (Djed) che simboleggia la resurrezione del dio, fate che la mummia immagine dell'essere eterno sia ancora una volta eretta a supporto e sostegno di tutti"[4] (Walker, p. 40).

In questo caso il rituale collettivo veniva usato per influenzare la mente e l'atteggiamento dell'intera comunità, poiché tutti erano invitati a credere a un immediato futuro di stabilità e produttività attraverso l'associazione visuale con lo Zed.
La comunità era incoraggiata a mantenere una mentalità positiva nei mesi a venire, rinforzata nella mente e fiduciosa nel successo grazie al sostegno dei Neteru (gli dei).

Il rituale di famiglia rientra tra i rituali di comunità ma è limitato ai membri della famiglia. In genere è officiato dal capo della famiglia e si può tenere a scopo di guarigione, risoluzione di conflitti interni, o per rinvigorire le Forze a cui l'altare di famiglia è dedicato, perché la assistano nei suoi bisogni.

Rituali individuali

Sono quei riti condotti da un individuo per un bisogno personale o da un gruppo che si è riunito per uno scopo specifico. Il rito è una pratica così personale che, in mancanza di altri termini per descriverla, può essere definita "magica".

Si possono includere in essa: le offerte per gli antenati, le Forze della Natura, gli spiriti degli animali e delle piante, ecc.

I rituali permettono di aprire uno spazio di dialogo tra la dimensione fisica e quella spirituale, richiedendo l'intervento di altre entità, sotto qualsiasi forma, a supporto del richiedente.

I rituali si possono indirizzare verso la manifestazione dell'obiettivo desiderato, o possono essere di ringraziamento per qualcosa che si è già ottenuto. Si possono usare per dissipare e ripulire le energie negative che arrivano dagli altri o dall'ambiente, aiutare con la guarigione dei malati o assistere nel concepimento.

Gli elementi usati in ogni rituale variano a seconda dello scopo e spesso ciò che si usa è simbolicamente legato allo scopo che si vuole ottenere.

Ad esempio, nei rituali per attrarre il benessere e la ricchezza si può far uso del miele. La natura appiccicosa del miele sarà associata con il "successo", e denoterà l'"attrazione", mentre la sua dolcezza servirà a denotare il cambiamento positivo che si verificherà.

Le donne che vogliono avere dei figli possono usare delle bambole, come abbiamo già detto: le bambole di legno simboleggiano i bambini che non sono ancora stati concepiti.

Da queste poche informazioni possiamo quindi intendere che il rituale non è un incauto atto "superstizioso", come siamo stati indotti a credere, né una forma di "adorazione del diavolo" (tra l'altro nella spiritualità africana è assente la figura di "Lucifero" in opposizione al Supremo).

Illazioni di questo genere furono introdotte solo successivamente al colonialismo, da alcuni dei primi scrittori africani che, sembrerebbe, erano guidati dall'idea che l'unico modo per dare credibilità ai sistemi tradizionali fosse creare delle corrispondenze tra le religioni occidentali e quella africana.
Non ci deve sorprendere che questi scrittori, come ad esempio J.B. Danquah e il reverendo J. Mbiti, appartenessero ad altri orientamenti religiosi.

Piuttosto, il rituale richiede ai partecipanti di impegnarsi in una esplorazione psicosomatica di alto livello della loro mente e delle capacità interiori e sono richiesti studi approfonditi per capire quali componenti ed elementi sono necessari per rendere efficace un rituale. "Quando si inizia a lavorare con il mondo degli spiriti, i rituali diventano sempre meno un mezzo per placare la confusione e sempre più un modo per mantenere un equilibrio salutare. Tuttavia, per arrivare a tale livello di armonia, si deve continuare la pratica corretta del rituale per un lungo periodo di tempo"[5] (Some, M, p. 27).

Gli aspetti di un rituale

Tutti i rituali partono da un elemento fondamentale — l'intento. Qual è lo scopo del rituale? Che cosa si cerca di risolvere o fare? L'intento è l'aspetto più importante del rituale poiché determina in primo luogo in maniera precisa la ragione per cui si esegue il rituale. È lo stesso intento a definirne lo scopo.

Anche la visualizzazione e la verbalizzazione ad alta voce dell'intento (l'invocazione verbale) sono componenti fondamentali che aiutano la manifestazione dei risultati desiderati. La realtà immaginata fornisce una tela su cui lo spirito può disegnare e modellare il risultato portandolo a essere.

"Il rituale attinge a quell'area dell'esistenza umana in cui lo spirito gioca un ruolo di creatore. Non facciamo miracoli, parliamo quella lingua che è interpretata dal mondo sovrannaturale come un richiamo a intervenire per stabilizzare una vita… Prendiamo l'iniziativa di mettere in moto un processo, sapendo che il suo successo non è nelle nostre mani ma nelle mani di quelle forze che invochiamo nelle nostre vite. Quindi il campo di forza che creiamo in un rituale viene dallo spirito, non da noi"[6] (Some, M, p. 32).

Un rituale comincia con un'invocazione alla dimensione degli Antenati e degli spiriti. Ci si deve approcciare ad esso con umiltà e rispetto. Si deve riconoscere che si sta cercando di ottenere un risultato che va oltre le nostre capacità e quindi il nostro atteggiamento deve riflettere questa consapevolezza.

Prima di tutto si fa un'invocazione verbale, si chiamano gli Antenati o delle Forze specifiche per nome, per invitarle a partecipare al rituale, poiché abbiamo bisogno del loro aiuto. Oltre alla voce, si possono usare anche altri suoni per indicare l'inizio del rituale e richiamare gli Spiriti, come una campanella, un campanaccio, un sonaglio o delle maracas. Servono per aprire il portale tra i due mondi.

Si possono anche usare delle pentole o delle padelle, che si devono sbattere per produrre la frequenza vibrazionale adatta.

Si fanno delle offerte in cambio dell'assistenza richiesta ma anche per alimentare e rafforzare l'essenza degli Spiriti invocati. Le offerte sono anche un atto simbolico, per dimostrare apprezzamento per il lavoro degli spiriti e indicare lo scambio di favori che avrà luogo tra le due dimensioni.

Dopo aver comunicato le richieste e aver eseguito tutte le azioni necessarie, come irrorare il terreno con la libagione, bruciare le erbe, bere, sacrificare un animale, ecc., si salutano gli spiriti in maniera rispettosa, ringraziandoli per la loro presenza.

Per invocare gli spiriti e innalzare l'energia dei partecipanti, si possono anche suonare i tamburi, si può danzare e suonare, ciò può dipendere dalla forma del rituale e dagli individui coinvolti.

Lo stato energetico elevato dei partecipanti può a questo punto vibrare all'unisono con quello degli spiriti invocati, aprendo un canale per l'unione tra le Forze Vitali: a questo fenomeno ci si riferisce in maniera inappropriata con il termine "possessione".

Per unione si intende un contratto reciproco tra le Forze Vitali degli individui che partecipano al rituale e gli spiriti, mentre la parola "possessione" denota un'invasione forzata del corpo. Ancora una volta siamo testimoni dell'etichettamento coloniale che cerca di oscurare la realtà della spiritualità africana.

Gli elementi che si possono introdurre in un rituale sono illimitati: dipende dai partecipanti coinvolti e dai risultati a cui mirano. Così, ad esempio, alcuni possono scegliere di purificare lo spazio bruciando delle erbe prima di iniziare, ma lo stesso si può ottenere anche spazzando con la scopa il pavimento.

La psiche può essere sollecitata anche bruciando particolari piante o incensi, come l'olibano e la mirra. Se lo scopo di un rituale è quello di chiedere protezione, ad esempio, si può usare un lucchetto aperto come riferimento simbolico a una strada aperta che permette alla negatività di entrare nella propria vita; il lucchetto deve essere chiuso alla fine del rituale per indicare la chiusura di quella strada. Può essere poi bruciato o immerso in una preparazione di erbe per sigillarlo spiritualmente.

Gli elementi che si decidono di includere in un rituale dovrebbero essere attentamente considerati per il loro valore simbolico e pratico nella dimensione fisica, poiché questo riflette il modo in cui saranno o potranno essere interpretati nella dimensione spirituale.

Le pratiche rituali sono state spesso utilizzate per stigmatizzare la spiritualità africana come forma di pratica insignificante influenzata dalla superstizione; tuttavia, è interessante notare quanti di questi elementi ricorrano nella psicologia e nelle scienze occidentali, dove sono considerati "fatti", non "frutti di superstizione".

Tutti gli autori di manuali best-seller di auto-aiuto come *Pensa e arricchisci te stesso* di Napoleon Hill, *Come acquistare fiducia e avere successo* di Norman V. Peale e *Il segreto* di Rhonda Byrne riconoscono le virtù della visualizzazione e dei pensieri positivi come base per creare la realtà che si desidera.

Ne sono alcuni esempi: gli atleti che si allenano usando dei metodi di visualizzazione simili per focalizzarsi e tenere alto il morale rispetto ai risultati; scrivere i propri obiettivi su un pezzo di carta e poi bruciarlo a simboleggiare il volersi liberare di abitudini negative o simili. Queste pratiche includono elementi che ritroviamo in alcuni aspetti della pratica rituale africana.
Gli stessi metodi sono una parte accettata delle tecniche di PNL, e dunque perché si continuano a mantenere delle posizioni negative quando si parla di spiritualità africana?

Essendo l'Africa l'origine della coscienza e delle forme umane, ne consegue che certe idee siano in origine africane. È ragionevole quindi affermare che la "riformulazione" di questi principi per il contesto moderno non fa che seguire la tradizione storica degli ermetici greci che reinterpretarono la conoscenza delle antiche Scuole di mistero africane.

Infatti alcune pratiche, come versare le libagioni e usare la scrittura per comunicare con il regno immateriale erano usate (e ne abbiamo testimonianza) nei sistemi spirituali dell'Antico Egitto così come lo sono ancora oggi sul Continente (Africa) e anche tra le discendenze della Diaspora.

Poiché il rituale africano coinvolge una varietà di sensi simultaneamente attraverso suoni, odori, visioni, movimenti corporei, invocazioni verbali — è chiaro che questo permette di vivere una esperienza coinvolgente e onnicomprensiva. Allontanandoci dalla superstizione, se dovessimo analizzare la pratica "scientificamente", dovremmo chiederci: cosa succede a tutta l'energia utilizzata nel rituale?

Suonare i tamburi, cantare e danzare produce energia cinetica, le proiezioni mentali e le invocazioni producono calore nel corpo e attivano la mente. Cosa succede a tutta l'energia che viene generata?

È solo a partire dal secolo scorso che le società occidentali, grazie ad Einstein, sono arrivate a comprendere i concetti di conservazione e trasmutazione dell'energia, "che non si esaurisce mai ma cambia forma".
Così per tornare al rituale africano, dovrebbe adesso essere chiaro che non solo il cibo e le bevande offerte simbolicamente sono ricambiate nei risultati che otteniamo ma anche l'energia rilasciata nel processo del rituale partecipa alla modellazione dei risultati finali.

I rituali, quindi, danno all'essere umano l'opportunità di esercitare il proprio potere creativo, grazie all'essenza divina che permea lo spirito umano. Entriamo nel rituale per divenire una manifestazione di "Dio".

Magia e stregoneria
Per via di secoli di discriminazione incontrollata, queste parole, associate con la brutale caccia alle streghe di Salem in America e l'Inquisizione spagnola in Europa oggi sono usate quasi come sinonimi per descrivere la totalità delle pratiche che rientrano nella spiritualità africana.

Di conseguenza, la spiritualità africana è considerata in modo assolutamente negativo: svuotata di ogni valore o utilità per il progresso umano e circondata da allarmismo e ignoranza.

Termini come "Juju" e "Obeah" — con implicazioni negative — sono usati in modo intercambiabile con "stregoneria" come sinonimo per il sistema spirituale africano. Questo ha contribuito a un suo rifiuto generale. Manca la volontà di esplorare o approfondire per capire meglio. Ha anche portato molti praticanti a nascondersi, alimentando purtroppo l'uso negativo delle pratiche, perché non esistono misure per controllare sacerdoti o praticanti che potrebbero abusare del loro potere, a differenza di quanto succede, ad esempio, nelle organizzazioni religiose occidentali come la Chiesa cattolica.

La nozione di stregoneria identifica per gli africani esclusivamente l'uso dei principi spirituali e rituali africani a scopo negativo, o per danneggiare qualcuno. Le pratiche vengono sovvertite in genere a scopo di auto-gratificazione o a spese di qualcun altro. La stregoneria è totalmente opposta ai principi spirituali di cui si è parlato nel Capitolo 1. Non si presta a lavorare insieme per il bene più grande né a rispettare l'interconnessione tra le cose. Cerca invece il progresso di un individuo sugli altri o a spese della collettività.

Pur usando questi principi in una maniera distorta, l'individuo è assolutamente consapevole delle loro ripercussioni. Come specificato in precedenza, nella cosmologia africana non esistono le nozioni di "buono" e "cattivo", che sono soggettive, ma causa ed effetto sono la dinamica di base. Quindi si pensa che il destino si ritorca contro coloro che fanno la scelta di usare questi principi in modo negativo.

Di seguito una serie di rituali condivisi da diversi praticanti, sciamani e iniziati tratti dal documentario che integra questo volume, *Lo spirito è eterno*.

Sobonfu Some (Burkina Faso — Dagara)
Un altare in casa è fondamentale poiché ci aiuta a onorare la nostra connessione con qualsiasi spirito da cui siamo attratti e con i nostri antenati; una casa senza altare è sradicata.
Il regno dei minerali ha importanti qualità di comunicazione da insegnarci. Le pietre e i cristalli sono utili per aiutarci a esprimerci e a comunicare meglio, specialmente per le persone più timide. Le pietre ci aiutano a registrare le nostre storie.

Si possono usare anche per allontanare le energie negative e possiamo indossare certe pietre attorno al collo perché ci aiutino a liberarci di tali energie.

Prendete un po' d'acqua e fate una libagione al mattino. Potete dire: "Spirito prendi quest'acqua e fanne il fiume della mia vita. Non so dove sta andando ma so che tu lo sai, e quindi prendi quest'acqua e fai in modo che si unisca con altri grandi fiumi così che la mia vita possa fluire più tranquillamente."
Le preghiere sono, per noi, un modo di focalizzarci sulle intenzioni di ogni giorno, così che lo scopo per cui siamo qui si possa manifestare.

Bevete l'acqua in maniera rituale per portare il suo potere di guarigione nel vostro corpo, nella vostra mente e nel vostro spirito, per pulire quelle parti della vita in cui guarigione e purificazione sono necessarie, per portare vita nella vita. Mentre sorseggiate l'acqua, meditate sui vostri desideri così da richiamare il potere di guarigione dell'acqua.

Se vi sentite sotto costante attacco mentale o sovraccarichi di informazioni, potete coprire la vostra testa con una fascia o un cappello o tenere i capelli corti, perché i capelli sono come delle antenne e raccolgono le energie negative. In alternativa, potete tenere dell'aglio in tasca come repellente per le energie negative. Tenete delle tazze con dell'acqua e del sale nei quattro angoli di una stanza, perché assorbano tutte le energie negative in quello spazio. Ripulite con il fumo della salvia o delle erbe la vostra casa quotidianamente o ogni volta che ne sentite la necessità.

Per coloro che lavorano in ambienti tossici, fate un bagno con del sale, della salvia, dell'Acqua di Florida e olibano (o franchincenso, una resina aromatica ricavata da alcune specie del genere Boswellia, *NdT*) per ripulirvi di tutte le energie tossiche e negative con cui venite in contatto quotidianamente, a causa dell'ambiente in cui vi trovate.

Fare delle camminate consapevoli in Natura è fondamentale per calmare la mente e liberare la psiche e lo spirito da uno stato stagnante o di confusione. Meno contatto abbiamo con la Natura, più siamo soffocati da come ci sentiamo.

Professor Bayyinah Bello (Haiti—Vudu)
Immergersi nella Natura è un bel modo per imparare tanto su ciò che non sapete o persino non capite, poiché la connessione diretta con la natura apre una via per la trasmissione e lo scambio di energia e conoscenza, nella forma di consapevolezza. Così camminare a piedi nudi sulla terra o nell'acqua o anche bagnarsi sotto la pioggia sono due grandi modi per connettersi e imparare dalla Natura.

Ogni mattina versate dell'acqua alla terra come segno di gratitudine, tre volte, con compassione sincera, a significare che siete aperti agli insegnamenti della natura mentre vi occupate delle faccende quotidiane.

Credo Mutwa (Sud Africa— Zulu, Khoisan e Tswana)

L'acqua contiene le più antiche preghiere di cui le nostre menti sono capaci. Diciamo che vogliate pregare per la pace nel vostro paese.

Riempite la vostra ciotola con dell'acqua, alzatela e guardate nell'acqua, pensate alla pace e visualizzatela, il suono degli uccelli, il profumo dell'erba— tutte le cose belle e piacevoli, i profumi e i suoni a cui potete pensare, e proiettateli nell'acqua. Poi bevete metà di quest'acqua e versate il resto, con rispetto, alla terra. Non rovesciatela frettolosamente né gettatela via come se fosse immondizia, le vostre azioni devono essere accompagnate da un senso di riverenza.

Il digiuno è un rituale che usiamo per avvicinarci alla grande mente (il Creatore). Il periodo di digiuno viene chiamato Ukuzila e in questo periodo si deve evitare di ingerire qualsiasi cibo e liquido. Tuttavia, non ci si deve mai negare dell'acqua durante il digiuno.

In casa dovete tenere delle pietre speciali. Nella nostra tradizione, teniamo dei cristalli speciali nelle nostre capanne, poiché hanno delle qualità particolari che possono essere usate per tutta una serie di cose — dalla guarigione all'espansione della coscienza.

Dovreste inoltre avere anche un recipiente sacro fatto di argilla o dal guscio di un uovo di struzzo, da usare principalmente per i rituali o le preghiere, e particolarmente per le libagioni.

Usate questo contenitore sacro, mezzo pieno d'acqua, e portatelo verso il vostro viso. Con un cuore felice e con calma rivolgete una risata e dei pensieri positivi all'acqua ed esprimete un desiderio di felicità, forza e pace, o qualsiasi cosa di buono vogliate, per la persona per cui state pregando. Mai, ma proprio mai, si deve esprimere un desiderio cattivo.

Racchiudete le immagini di ciò che desiderate nella vostra mente e perdonate coloro che vi hanno fatto dei torti, poi prendete l'acqua e versatela su ciascuno dei due piedi in maniera alternata.

Dowoti Desir (Haiti — Vudu)

Gli altari sono considerati come un'offerta agli Antenati e anche posizionarvi l'immagine di un antenato è considerata un'offerta per la persona.

Creare un altare è facile. Prendete una mensola e copritela con un telo bianco o una tovaglietta di paglia e metteteci sopra la foto dei parenti defunti. L'altare diventa uno spazio in cui offrite loro acqua, bevande e i sigari che amavano mentre erano in vita.

Tutte queste sono offerte. Anche se sapete che alcune di queste cose non fanno / facevano loro del bene, lo fate principalmente per il loro piacere, non per il vostro.

Per fare delle offerte possiamo andare al mare, al fiume o anche nel nostro giardino sotto casa. Facciamo un buco nella terra e ci versiamo del miele o dell'olio di palma (o altro olio locale).

In quanto canali dei Loa siamo prima di tutto e soprattutto esseri spirituali, quindi possiamo pregare sempre, e dovunque vogliamo. Possiamo alzarci al mattino e versare le nostre libagioni, accendere una candela ogni giorno. Questo è il nostro modo di pregare.

Quando sentiamo il bisogno di purificarci, possiamo fare un bagno speciale. Possiamo metterci delle piante, delle essenze o dei fiori, tutto ciò che ha in sé la sostanza di quello che vogliamo portare nella nostra vita.

Max Beauvoir (Haiti — Vudu)
È bene avere un'igiene spirituale, che inizia con un bagno. Per ottenerne il meglio si dovrebbe prevedere di includerci la Natura, perché ricordatevi che "Dio" è in tutta la Natura e la Natura è in "Dio". Cercate quindi le erbe adatte e pestatele, usate dell'alcol per estrarre lo spirito delle piante e questa essenza diverrà poi anche parte della vostra pelle, perché i pori sulla pelle permettono che l'essenza penetri.

In conclusione, i Rituali sono il mezzo attraverso cui possiamo esercitare un potere creativo. Sono gli strumenti con cui possiamo riconoscere e far emergere i poteri innati che ci sono stati dati da Dio. Il Rituale è, perciò, un processo di impoteramento, che ci dà l'opportunità di imparare davvero a conoscerci e allinearci con noi stessi.

"La spiritualità è come un muscolo. Più la praticate, più si sviluppa, meno la praticate, più si fiacca. Quindi se volete immergervi nella spiritualità, dovete cominciare a praticare fino a raggiungere il punto in cui darete alla vostra vita spirituale più importanza che alla vostra vita fisica, perché la vita spirituale è eterna"[7] (Bello, 2013).

Note bibliografiche

1. Some, M.P. (1993), *Ritual: Power, Healing, and Community*. U.S.A: Penguin Group. P. 12

2. Jahn, J. (1961), *Muntu: African Culture and the Western World*. U.S.A.: Grove Press Inc. p. 41

3. Some, M.P. (1993), *Ritual: Power, Healing, and Community*. U.S.A: Penguin Group. P. 25

4. Walker, R. (2011), *Blacks and Religion*; Vol. 1. UK: Reklaw Education Ltd. p. 40

5. Some, M.P. (1993), *Ritual: Power, Healing, and Community*. U.S.A: Penguin Group. P. 27

6. Some, M.P. (1993), *Ritual: Power, Healing, and Community*. U.S.A: Penguin Group. p. 32

7. Bello, B. (2013), Videointervista per Ancestral Voices 2 film.

Bibliografia

Asare Opoku, K. (1978), *West African Traditional Religion*. Nigeria: FEP International Private Limited.

Bempah, K. (2010), *Akan Traditional Religion: The Myths and the Truth*. Self-published

Dow, C.L. (1997), *Sarava! Afro-Brazilian Magick*. U.S.A: Llewellyn Publications.

Jahn, J. (1961), *Muntu: African Culture and the Western World*. U.S.A.: Grove Press Inc.

Okemuyiwa, L.O. (2005), *Ori The Supreme Divinity*. Nigeria: Es—Es Communications Ventures.

Wallis Budge, E.A. (1988), *Egyptian Magic*. England: Penguin Group.

CAPITOLO 7

L'importanza del riconoscimento
Questo è uno tra i libri che cercano di dimostrare l'unità e le
correlazioni esistenti tra le varie filosofie all'interno della
spiritualità africana. Dal testo di Padre Tempels su *La filosofia
Bantu* (1945) al volume di Jahmein Jahn intitolato *Muntu* (1961),
sono stati numerosi i lavori che hanno raccontato le filosofie e i
principi diffusi in tutte le comunità da tempi immemorabili.
Ma rimane aperta la domanda: perché la spiritualità africana è
ancora incompresa e poco tollerata rispetto ad altri sistemi di fede
che troviamo oggi nel mondo?

La colonizzazione e la spartizione dell'Africa sono la risposta,
prima da parte degli arabi con l'Islam e poi degli europei con il
Cristianesimo. Da una posizione di potere, definirono quali
pratiche erano "legali" e autorizzate.
Le pratiche che cercarono di ostacolare la totale soggiogazione dei
popoli africani furono sommariamente abolite.

Gli africani che decisero di abbracciare le religioni degli
oppressori e rifiutare la spiritualità degli antenati ne ebbero dei
benefici sociali, ottennero dei buoni posti di lavoro e delle
posizioni dirigenziali nell'amministrazione dei governi coloniali.
Sia sul Continente sia nella Diaspora abbiamo esempi di leggi
approvate per far punire la pratica dei sistemi tradizionali come
infrazioni criminali — è successo ad esempio ad Haiti, in Brasile e
in Congo.

La demonizzazione della spiritualità africana non è solo una questione "religiosa": essa fu attaccata su tutti i fronti in maniera sistematica e istituzionalizzata.

Dal punto di vista sociale, coloro che la praticavano venivano descritti come degli "analfabeti", "arretrati" e "incivili", socialmente stigmatizzati, indotti alla vergogna, impedendo che si sviluppasse un interesse alla conservazione della loro eredità e delle pratiche.

Queste idee furono anche instillate nella mente usando dei sistemi educativi e politici come mezzo per normalizzarne la degradazione.

"Gli europei hanno tentato di dipingere la spiritualità africana in modo negativo e hanno prodotto un intero vocabolario a sostegno delle loro tesi. Il loro sistema di credenze si può chiamare 'religione', ma per il nostro sistema di credenze si parla di 'culti'. Coloro che officiano ai loro sistemi di credenza sono detti 'preti' o 'sacerdoti', ma nel nostro caso sono chiamati con biasimo 'sciamani' o 'uomini medicina'.

Quando loro credono nelle forze sottili, si parla di 'spiritualità', quando ci crediamo noi si parla di 'demonologia'.

I simboli che usano loro sono 'simboli', quando li usiamo noi, sono 'feticci'. Le immagini che rappresentano le forze spirituali diventano 'idoli', le loro diventano 'icone' e possiamo andare avanti all'infinito con il gioco dei doppi standard"[1] (Walker, 2014).

Ecco perché oggi troviamo nel mondo persone di discendenza africana che si identificano pubblicamente come cristiani o musulmani o, anche come induisti o buddisti ma fanno difficoltà a definirsi seguaci della spiritualità africana. Tuttavia, è comprovato che nelle situazioni disperate, quando le religioni o la medicina straniera sono risultate inefficaci, c'è sempre stato un ritorno alla tradizione in cerca di una soluzione— ma è fatto in maniera clandestina, per paura di infangare l'immagine pubblica.

Esistono anche prove del fatto che molti sacerdoti cristiani o leader musulmani utilizzano poteri sciamanici per intrattenere e mantenere legato il loro uditorio, ma pubblicamente diffamano la tradizione definendola "diabolica", pura "adorazione", ecc.

I colonizzatori iniziarono a sviluppare una certa resistenza verso la spiritualità africana anche perché nei casi più clamorosi in cui gli afrodiscendenti hanno resistito con veemenza al loro oppressore, e hanno anche avuto successo, si sono affidati alle pratiche tradizionali.
Esse rimangono una fonte di impoteramento per gli africani e sono state d'ostacolo quando si è tentato di assicurarsi la loro totale subordinazione.

Abbiamo già parlato del successo totale ottenuto ad Haiti durante la guerra per la liberazione. Ma l'adesione alle pratiche tradizionali fu anche uno dei principali motivi per cui Kimpa Vita fu bruciata in pubblico come "strega" dai cattolici in Congo (1706) e fu anche una delle forze trainanti dietro alle guerre di indipendenza in Africa — come successe ad esempio in Zimbabwe, dove se ne fece pubblicamente uso più che in altri paesi.

113

Esiste una "Lega delle religioni mondiali" in cui la spiritualità africana non è stata inclusa come pratica di fede accettata, nonostante nelle varie forme locali, come ad esempio il Vudu (che è religione nazionale in Benin, Africa occidentale), abbia più seguaci di quanto richiesto per guadagnarsi un posto in quell'elenco. Il che sarebbe auspicabile, perché vengano riconosciuti ai suoi seguaci tutti i diritti e la protezione che meritano, come succede per i praticanti di altre religioni.

A Cuba, ad esempio, la Santeria è tollerata dalla Chiesa cattolica ma lo stesso non è vero per il Palo Mayombe! La differenza? Il grado in cui questi sistemi vogliono essere "riconosciuti" e incorporati nella Chiesa e quanto ancora essa permetta la mescolanza tra le divinità africane e i santi cristiani.

Sembrerebbe che i sistemi africani siano socialmente accettati quando, o se, acconsentono di essere inglobati in altri sistemi per diventare "legittimi". Durante lo schiavismo, era comprensibile che gli africani sostituissero e associassero particolari divinità con i santi per mezzo di alcuni simboli, in quanto la pena per continuare a seguire le pratiche indigene era la morte.

Ma anche in questa epoca, senza la minaccia diretta della forza, sembra che nella Diaspora alcuni siano ancora psicologicamente attaccati ai santi e non vogliano abbandonarli. Per questo il Palo Mayombe, che rifiuta qualsiasi sincretismo con i santi, è ancora demonizzato ed etichettato come "religione del diavolo", "forma di adorazione" e "magia nera" mentre la Santeria, che in spagnolo

114

significa "La via dei santi", è "rispettata" e ritenuta "magia bianca"— perché apparentemente si occupa solo di cose "buone".

Troviamo una situazione simile in Brasile, dove il Candomblè è considerato "magia nera" mentre l'Umbanda, ampiamente sincretizzato con le religioni europee, è considerato "magia bianca"— il più "accettabile" fra i due.
Quindi laddove si è tentato di mantenere il sistema africano il più vicino possibile alle tradizioni, esso viene screditato con la stessa propaganda dell'era coloniale.

È inoltre importante ricordare come le idee di "razza" e "classe" abbiano un ruolo nella stigmatizzazione dei sistemi africani, specialmente nella Diaspora. Tutti i sistemi ritratti come "cattivi" cercano di incastrarsi in una cornice africana più "autentica", mentre le "versioni" che vengono riconosciute "buone" hanno raggiunto tale stato grazie alle "benedizioni" delle stesse religioni che hanno cercato di cancellarle meno di mille anni fa.
Forse questa è anche la ragione per cui la spiritualità africana non compare nell'elenco della "Lega delle religioni mondiali", nemmeno con le sue "versioni" ritenute "buone", come a perpetrare la negazione della sua legittimità agli occhi del pubblico.

Perché è importante che la spiritualità africana rientri in quell'elenco? Per porre fine alle persecuzioni, agli abusi e anche agli omicidi messi in atto da credenti di altre religioni.
L'ONU e altre organizzazioni hanno riportato l'aumento dei casi di abuso connessi a "stregoneria" o "magia" — parole che sono

diventate sinonimi di spiritualità africana (relazione Unicef 2010 sugli abusi per stregoneria in Africa).

Non si tratta più soltanto di una questione legata alla religione quindi, ma di una questione legata ai diritti umani — che deve essere affrontata a livello politico e governativo. Anche dopo i movimenti per la tolleranza religiosa nati dopo l'11 settembre 2001 (che ha scatenato l'islamofobia, soprattutto negli Stati Uniti), i seguaci delle tradizioni africane sono ancora in attesa di essere riconosciuti. Permane tuttora una diffidenza rispetto a queste pratiche, ancora poco conosciute dai più, perché tenute in ombra.

Lo scopo di questo volume voleva essere di dimostrare che l'espressione "Spiritualità Africana" è in effetti un'etichetta valida e accurata, che può essere usata come termine ombrello per includere tutti i vari sistemi locali. I capitoli precedenti hanno messo in evidenza come tutti i sistemi siano riconducibili agli stessi principi che, di conseguenza, influenzano pratiche simili; per cui è legittimo usare un'espressione che li accomuni.

Le etichette "cristiano", "musulmano", "buddista" sono termini singoli usati per denotare orientamenti religiosi che sono allo stesso modo non egemonici. Infatti, all'interno di questi grandi gruppi esistono vari sottogruppi, che spesso hanno davvero poco in comune in termini di filosofia e pratica.
Per cui l'uso dell'espressione "Spiritualità Africana" assicurerebbe una simile protezione sociale, politica e istituzionale agli adepti a questo sistema spirituale nel mondo.

Il suo riconoscimento è necessario perché queste persone sono perseguitate globalmente, spesso senza che si faccia alcuna giustizia con la condanna dei persecutori né sia riconosciuta una sorta di risarcimento alle vittime.

Sul Continente, molti genitori e comunità abbandonano i bambini anche in tenerissima età, alcuni hanno poco più di 9 mesi, se qualche carica istituzionale o religiosa li identifica come "figli delle streghe". Negli scenari peggiori, alcuni vengono persino uccisi.

Le donne e le anziane sono regolarmente identificate come "streghe" e spedite in quelli che sono, a tutti gli effetti, "campi di concentramento", dove vengono torturate e spesso abusate sessualmente, perché confessino e vengano esorcizzate.

Questi crimini vengono perpetrati con la complicità di molti individui nelle alte sfere sociali e per questo motivo sono per lo più ignorati; non ci sono prove valide contro le persone accusate di stregoneria, si tratta solo di opinioni e credenze.

Analogamente nella Diaspora, anno dopo anno, sono sempre di più i casi di cristiani, soprattutto appartenenti alla Chiesa Evangelica, che perseguitano e spesso uccidono adepti ai credi africani in Brasile, ma più in generale nelle Americhe e nei Caraibi.

Questo succede anche se oggi, dopo essere state a lungo discriminate, il Candomblé e le sue varianti sono riconosciute tra le religioni nazionali del Brasile.

La mancanza di un riconoscimento "ufficiale" fa in modo che le pratiche rimangano sotterranee, e quindi aperte allo sfruttamento di persone con intenti malvagi, e questo è esattamente quello che sta succedendo.

Singoli senza alcuna preparazione e che non sono nemmeno stati iniziati si fingono sacerdoti legittimi e sfruttano le paure di chi si rivolge a loro, alimentando le già esistenti rappresentazioni negative di questi sistemi.

Quindi la mancanza di un riconoscimento ufficiale è un'arma a doppio taglio, perché permette il perpetuarsi della discriminazione verso le pratiche tradizionali.

È in effetti molto triste e del tutto irrazionale che il sistema da cui hanno avuto origine tutte le altre principali confessioni odierne sia ancora giudicato "cattivo", al di fuori del contesto coloniale. È ugualmente curioso che non ci siano evidenze storiche che ci parlino dell'uso di questo sistema per depredare o conquistare altri popoli nonostante sia costantemente dipinto in maniera negativa.

Non esistono prove relative a dichiarazioni di guerra, invasioni, genocidi né altri atroci crimini commessi nel nome di un "Dio" africano, mentre sappiamo che chi si professa a favore della pace e dell'amore è stato spesso responsabile di genocidi e terribili reati nei confronti del genere umano.

Ciononostante, il "Dio" o Creatore africano è ancora oggi ampiamente associato alla figura del "Diavolo" così come viene rappresentato nelle religioni occidentali, ancora un retaggio del colonialismo, che continua a tormentare i praticanti e distorce la reale comprensione delle tradizioni.

Inoltre, se esaminiamo i principi cosmologici che ispirano la spiritualità africana, di cui abbiamo parlato in tutto il volume, è facile capire perché questo non riconoscimento delle religioni tradizionali a livello mondiale sia ingiusto. Innanzitutto, come abbiamo detto, si tratta di sistemi inclusivi, che riconoscono e rispettano tutte le forme di vita, animate e inanimate, in base alla Forza Vitale in esse racchiusa.

Ecco perché non si sono mai verificati episodi di conversioni ed evangelizzazioni forzate — dopo tutto, se Dio è in noi e noi in Dio, come possiamo convertire un "Dio" a un "Dio"? Se tutti condividiamo la stessa Forza Vitale della Fonte, allora come possiamo ridirigere un altro alla stessa fonte attraverso i dogmi e le regole create dall'uomo?

"In Africa, non costruiamo altari per il nostro Dio, costruiamo altari per onorare le qualità e gli attributi di Dio. Non abbiamo immagini di Dio, perché diciamo che nessuno sa che sembianze abbia. Se Dio è in ogni cosa e in tutte le cose contemporaneamente, se Dio è in tutto ciò che è stato creato contemporaneamente, allora come possiamo avere un'immagine di Dio appesa alle nostre pareti? Come si può racchiudere tutta la creazione in una sola immagine?"[2] (Small, 2013).

Si tratta di un sistema in cui la giustizia è veloce ed equa, poiché l'equilibrio prevale sempre, senza dover ricorrere al pentimento, al rimorso o al senso di colpa, ma che incoraggia invece la capacità di assumersi la responsabilità delle proprie azioni.

Un sistema che non si regge sugli incentivi o premi per i comportamenti "buoni", ma piuttosto sulla comprensione di quanto certe azioni siano necessarie se si vogliono sviluppare le proprie abilità e potenzialità al meglio.

Un sistema che incoraggia l'ecologia — un vivere sensato e rispettoso dell'ambiente, che sostenga uno sviluppo umano sostenibile — cruciale in questo periodo di scarsità dovuto allo sovrasfruttamento delle risorse.
Un sistema che incarna l'inclusività come principio di vita essenziale, incoraggiando il rispetto e la considerazione per tutti gli esseri, animati e inanimati, estremamente necessaria in questa epoca di lotte religiose e intolleranza.

Continueremo a ignorare le pratiche del sistema spirituale più antico al mondo quando ha così tanto da offrirci, solo a causa delle bugie inventate per sostenere un'agenda imperialistica che ha finito per creare solo divisioni e gettare il mondo nel caos?

In questo modo continuiamo a fare un'ingiustizia a noi stessi, perché si può imparare tanto dall'esplorazione interiore profonda grazie alla spiritualità africana — dalla medicina a un sistema di vita ecologico.
Le pratiche africane sono molto antiche e già implicavano la comprensione dei processi psicosomatici e altri concetti che sono stati poi ripresi dalla ricerca scientifica, dimenticandone l'origine.

Tuttavia, ci è voluto molto tempo prima che si riuscisse a comprendere l'essenza delle Cosmologie Africane e ci sono voluti anni di ricerca scientifica per "discernere" alcuni concetti e catalogarli poi come "nuove scoperte".

Oggi possiamo continuare a confinarci nella stessa visione miope del passato oppure scegliere di seguire la saggezza degli Antenati, che hanno potuto approfittare di osservazioni di millenni per capire a fondo i meccanismi dello spirito, del corpo, della mente, del nostro mondo, dell'universo e del nostro posto in questo sistema.

"Sankofa, dobbiamo prendere dal passato ciò che ci ha resi forti e usarlo. Dobbiamo cambiare, dobbiamo crescere, dobbiamo riconoscere i differenti approcci filosofici alla vita e reinventarci. Che cosa ci insegnano gli antichi detti? Conosci te stesso. Non scappare dal tuo essere africano, non scappare dalla storia africana, è la più grande storia che può essere raccontata. Impara a conoscerti e a ri-crearti"[3] (Yarborough, 2013).

Note bibliografiche

1. Walker, R. (2014), Videointervista per Ancestral Voices 2 film, London.

2. Small, J. (2013), Videointervista per Ancestral Voices 2 film, New York.

3. Yarborough, C. (2013), Videointervista per Ancestral Voices 2 film, New York.

3. Unicef (April 2010), *Children Accused of Witchcraft: An anthropological study of contemporary practices in Africa.* PDF file accessed 20/02/2016

http://www.unicef.org/wcaro/wcaro_children—accused—of—witchcraft—in—Africa.pdf

Amen, R.U.N. (1990), *Metu Neter*, Vol. 1, Khamit Media Trans Visions Inc., New York.

Amen, R.U.N. (2008), *Metu Neter*, Vol. 3, Khamit Media Trans Visionos Inc., New York.

Asante, M.K., Mazama, A. (2009), *Encyclopedia of African Religion*, Vol. 2, Sage Publications, Thousand Oaks (CA).

Ben-Jochannan, Y.A.A. (1991), *African Origins of the Major "Western Religions"*, Black Classic Press, Baltimora (MD).

Bempah, K. (2010), *Akan Traditional Religion: The Myths and the Truth*, self-published.

Capone, S. (2010), *Searching for Africa in Brazil: Power and Tradition in Candomble*, Duke University Press, Durham (CS).

Danquah, J.B. (1944), *The Akan Doctrine of God*, second ed., Routledge, London.

Dieterlien, G., Griaule, M. (1986), *The Pale Fox*, Continuum Foundation, London.

Dow, C.L. (1997), *Sarava! Afro-Brazilian Magick*, Llewellyn Publications, Woodbury (MN).

Ephirim-Donkor, A. (1997), *African Spirituality: On Becoming Ancestors*, Africa World Press Inc., Trenton (NJ).

Etefa, T. (2012), *Integration and Peace in East Africa*, Palgrave Macmillan, London.

Fu-Kiau, K.K.B. (1980), *African Cosmology of the Bantu-Kongo: Principles of Life & Living*, Athellia Henrietta Press, New York.

Greber, J. (Not provided), *Communication with the Spirit World of God: Its Laws and Purpose*, Lightning Source UK Ltd, Milton Keynes.

Gonzalez-Wippler, M. (1989), *Santeria The Religion*, Llewellyn Publications, Woodbury (MN).

Jahn, J. (1961), *Muntu: African Culture and the Western World*, Grove Press Inc., New York.

Knappert, J. (1990), *The Aquarian Guide to African Mythology*, Thorsons Publishing Group, London.

Lartey, E.Y.A. (2013), *Postcolonializing God*, SCM Press, London.

Mason, J. (2003), *Who's Knocking on my Floor?: Esu Arts in the Americas*, Yoruba Theological Archministry, New York.

MacGaffey, W. (1986), *Religion and Society in Central Africa*, University of Chicago Press, Chicago (IL).

Mbiti, J. (1970), *African Religions and Philosophy*, Anchor Books, New York.

Mbiti, J.S. (1975), *Introduction to African Religion*, second ed., Heinemann Educational Publishers, Portsmouth (NH).

Morodenibig, N.N.L. (2011), *Philosophy Podium: A Dogon Perspective*, second ed., Firefly Productions, London.

Mutwa, V.C. (1996), *Zulu Shaman: Dreams, Prophecies and Mysteries*, Lakebook Manufacturing Inc., Melrose Park (IL).

Neimark, P.J. (1993), *The Way of the Orisa*, HarperCollins, New York.

Okemuyiwa, L.O. (2005), *Ori The Supreme Divinity*, Es.E Communications, Lagos.

Olupona, J.K. (1989), *African Traditional Religions in Contemporary Society*, Paragon House, Manchester.

Olupona, J.K. (2011), *African Spirituality: Forms, Meanings AND Expressions*, Crossroad Publishing Company, New York.

Opoku Asare, K. (1978), *West African Traditional Religion*, FEP International Private Limited, Rawalpindi.

Quarcoopome, T.N.O. (1987), *West African Traditional Religion*, African Universities Press, Lagos.

Rankin, A. (2010), *Many-Sided Wisdom: A New Politics of the Spirit*, John Hunt Publishing, London.

Some, M.P. (1993), *Ritual: Power, Healing, and Community*, Penguin, London.

Some, M.P. (1994), *Of Water and the Spirit*, Penguin, New York.

Stone, M. (1976), *When God was a Woman*, Harcourt Brace & Company, San Diego (CA) (2011, *Quando dio era una donna*, Venexia, Padova.)

Tempels, P. (2010), *Bantu Philosophy*, HBC Publishing, Portland (OR).

Thompson, R.F. (1983), *Flash of the Spirit; African & Afro-American Art & Philosophy*, First Vintage Books Edition, New York.

Umeh, J.A. (1999), *After God is Dibia*, Vol. 1, Karnak House, Trenton (NJ).

Umeh, J.A. (1999), *After God is Dibia*, Vol. 2, Karnak House, Trenton (NJ).

Voeks, R.A. (1997), *Sacred Leaves Of Candomble*, University of Texas Press, Dallas (TX).

Wallis Budge, E.A (1988), *Egyptian Magic*, Penguin, London.

Walker, R. (2011), *Blacks and Religion*, Vol. 1, Reklaw Education Ltd., London.

Per approfondire:

www.ancestralvoices.co.uk

Notes

Printed in Great Britain
by Amazon